Nietzsche
et sa vision de l'homme

Afrique Liberté
Collection dirigée par Claude KOUDOU

Afrique Liberté est une collection qui accueille essais, témoignages et toutes œuvres qui permettent de faire connaître l'Afrique dans toute sa diversité et toute sa profondeur. Cette collection qui reste ouverte se veut pluridisciplinaire. ***Son orientation sera essentiellement axée sur les rapports entre l'Afrique et l'Occident***. Elle refuse l'afro-pessimisme et se range résolument dans un afro-optimisme réaliste. Sur quels repères fonder l'Afrique d'aujourd'hui ? Telle est une des questions majeure à laquelle cette collection tentera de répondre. ***Afrique Liberté*** se veut un espace qui doit explorer l'attitude de l'Africain ou des africanistes dans ses dimensions mentale, scientifique, culturelle, psychologique et sociologique. Dans un monde en proie à de graves crises, un des enjeux majeurs de cette plate-forme serait de voir comment faire converger les différents pôles de compétences pour hisser l'Afrique à la place qui doit être véritablement la sienne.

Déjà parus

René N'guettia Kouassi, *Comment gouverner autrement la Côte-d'Ivoire ?*, 2010.
Claude Koudou (sous la direction de), *La Côte d'Ivoire face à son destin. Et si l'Afrique était Gbagbo ?*, 2010.
Adack Gilbert Kouassi, *L'art dans la société wè de Côte d'Ivoire*, 2010,
Gaston Ouassénan, *Pauvre petite orpheline*, 2010.
N. L. Gayibor, N. A. Goeh-Akué, *Histoires nationales et/ou identités nationales*, 2010.
René Babi, *Amédée Pierre, le dope national*, 2010.
Atsain Narcisse tiburce, *Le triomphe des sans voix*, 2010.
Amara Koné, *Les héritiers de la misère*, 2010.

Patrice AKE Jean

Nietzsche et sa vision de l'homme

Une interpellation de l'Africain

L'Harmattan

Nous sommes conscients que quelques scories
subsistent dans cet ouvrage.
Le contenu étant nécessaire aux études, nous prenons le risque
de l'éditer ainsi et comptons sur votre compréhension.

5-7, rue de l'Ecole-Polytechnique, 75005 Paris

http://www.librairieharmattan.com
diffusion.harmattan@wanadoo.fr
harmattan1@wanadoo.fr

ISBN : 978-2-296-11538-5
EAN : 9782296115385

INTRODUCTION GENERALE

Homo sum, humani Nihil a me alienum puto !(Je suis homme, je pense que rien d'humain ne m'est étranger !) Cette sentence célèbre prononcée par un personnage d'une comédie de Térence *(Heautontimorounemos,* V. 77), est censée résumer l'esprit de l'humanisme. Mais quel humanisme ? Dans cet ouvrage intitulé, *« Nietzsche et sa vision de l'homme : une interpellation pour l'Africain »,* nous voulons cheminer sur la trace d'une question traditionnelle, (« qu'est-ce que l'être humain ? ») en compagnie de Nietzsche. Nous ferons un travail de philosophie et non de psychologie, comme celui de Varzbed[1]. Il s'agira pour nous, à la suite de Gisèle Souchon de nous interroger « *sur la place de l'individu et sur l'existence d'une pensée individualiste chez Nietzsche*[2]. » En outre, nous établirons que, chez Nietzsche, « *l'individu n'est pas une idée, mais un être de chair et de sang. L'individu, pour Nietzsche, c'est un premier temps, le Moi, c'est-à-dire, Nietzsche lui-même*[3]. » Souchon précise que « *(Nietzsche) rejoint Stirner pour qui l'Homme n'est rien. Seuls les hommes, en tant qu'individus uniques, existent*[4]. ». Finalement, ajoute-t-elle, l'individualisme de Nietzsche n'est pas toute sa philosophie. Il pose la valeur de l'individu, mais cette valeur se révèle dépendante de la seule valeur authentique : la Vie[5]. Toutefois, la majesté de l'homme, nous dit Nietzsche, n'est pas ailleurs que dans sa

---

1 VARTZBED(Eric).- *La troisième oreille de Nietzsche. Essai sur un précurseur de Freud.* (Paris, l'Harmattan, 2003), p. 5.

2 SOUCHON(Gisèle).- *Nietzsche : généalogie de l'individu.* (Paris, l'Harmattan, 2003), p. 7

3 SOUCHON(Gisèle).- *Nietzsche : généalogie de l'individu.* (Paris, l'Harmattan, 2003), p. 9

4 SOUCHON(Gisèle).- *Nietzsche : généalogie de l'individu.* (Paris, l'Harmattan, 2003), p. 21

5 SOUCHON(Gisèle).- *Nietzsche : généalogie de l'individu.* (Paris, l'Harmattan, 2003), p. 137

nature d'homme, car il n'a ni origine divine, ni devenir divin : « *Au bout de ce chemin se trouve l'urne funéraire du dernier homme qui enterre les morts (avec l'inscription : « nihil humani a me alienum puto.* » »[67]

La question de l'homme a été au cœur de la philosophie nietzschéenne comme elle est aujourd'hui encore au cœur de la pensée contemporaine. Dans un ouvrage paru en septembre 2001, l'écrivain-journaliste Jean-Claude Guillebaud analyse *le principe d'humanité* qu'il emprunte au comité consultatif national d'éthique, dans son document n°1. Ce comité le définit comme un *« principe de moralité, (de) respect de la personne »*[8] Mais auparavant notre auteur affirme que *« nous vivons et pensons en quelque sorte au-dessus du vide, mais ce vide nous attend*[9]*. »* ; puis il fait remarquer que l'homme d'aujourd'hui croit aux droits de l'homme, « *convaincu que leur triomphe progressif à l'orée d'un nouveau millénaire annonce moins la fin de l'Histoire que la défaite (au moins provisoire) des tyrannies et des dominations*[10]*.* » Ainsi pour ce journaliste, *« la personne émancipée et paisiblement autonome sera demain la mesure de toutes choses*[11]*. »*

D'un autre côté, Guillebaud nous fait prendre conscience de ce qu'il appelle *« un crime contre l'humanité* »[12] ce

---

6 NIETZSCHE(Friedrich).- *Aurore* 49 livre premier in *Œuvres Complètes* II, p. 999, (Paris, Robert Laffont, 1993)

7 FONTANIER(Jean-Michel).- *Fridericus N. Nietzsche le Romain. Textes latins et citations latines de Nietzsche.* (Rennes, ennoïa 2006), pp. 94-95.

8 GUILLEBAUD(Jean-Claude).- *Le principe d'humanité.* (Paris, Seuil, septembre 2001), p. 17, note 4.

9 GUILLEBAUD(Jean-Claude).- *Le principe d'humanité.* (Paris, Seuil, septembre 2001), p. 13

10 GUILLEBAUD(Jean-Claude).- *Le principe d'humanité.* (Paris, Seuil, septembre 2001), p. 14

11 GUILLEBAUD(Jean-Claude).- *Le principe d'humanité.* (Paris, Seuil, septembre 2001), p. 14

12 GUILLEBAUD(Jean-Claude).- *Le principe d'humanité.* (Paris, Seuil, septembre 2001), p. 14

criminel-là ajoute au meurtre des hommes le déni de l'humain et aggrave le massacre par la mutilation du sens[13]. Nous voici en présence de deux catégories emblématiques, deux pôles de notre modernité : les droits de l'homme d'une part, qui constituent le pôle positif, l'avers de la médaille et le crime contre l'humanité de l'autre, qui en est le pôle négatif, son revers. Le revers est inquiétant et nous oblige, de façon pressante à nous demander ce qu'est l'homme ?

Cette question nous fait retourner à l'énigme du Sphinx : *« Qu'est-ce qui se déplace sur quatre jambes le matin, sur deux à midi et trois le soir ? »* La réponse n'a pas changé depuis Œdipe. Il s'agit de l'homme. Mais Luc Ferry et Jean-Didier Vincent lui donnent une nouvelle interprétation : *« Singe quadrupède le matin, il se dresse fièrement sur ses jambes de bipède au midi de l'humanité. La troisième jambe apportée par le soir ne serait-elle pas ces cannes modernes que sont nos machines informatiques et ces téléphones cellulaires sans lesquels nous ne savons plus nous mouvoir[14] ? »*

En plongeant, au cœur de l'histoire et de l'archéologie, nos deux auteurs ont pu découvrir que le premier homme, l'homo erectus est un homme grand qui mesure plus d'un mètre soixante-dix. Il a un bassin court et étroit, de longues jambes et des pieds avec une voûte plantaire arquée. Son buste est en forme de tonneau. Ses épaules supportent des bras suffisamment longs pour assurer la stabilité de sa marche[15]...Une autre caractéristique qui fait l'homme, selon

---

[13] GUILLEBAUD(Jean-Claude).- *Le principe d'humanité.* (Paris, Seuil, septembre 2001), p. 14

[14] FERRY(Luc) et VINCENT (Jean Didier).- *Qu'est-ce que l'homme ? Sur les fondamentaux de la biologie et de la philosophie.* (Paris, Odile Jacob 2001), p. 145.

[15] FERRY(Luc) et VINCENT (Jean Didier).- *Qu'est-ce que l'homme ? Sur les fondamentaux de la biologie et de la philosophie.* (Paris, Odile Jacob 2001), p. 146.

nos deux chercheurs, par rapport à l'animal, c'est l'encéphalopathie. L'homo erectus possède effectivement un cerveau de plus de 800 cm^3[16]. Une autre différence spécifique de l'homme est l'utilisation de l'outil. En effet, nos chercheurs attestent que *« les premiers hominidés ont utilisé des outils de pierre non transformée. La taille de la pierre n'est attestée que vers 2,7 Millions d'années : fragments de galets éclatés, pierres de quartz et blocs (nucleus) ayant permis de détacher des éclats*[17]*. »* Avec l'homo erectus, les outils se sont spécialisés et sont façonnés, retouchés pour finalement se miniaturiser. Ils sont devenus plus légers, facilement transportables et accompagnent ces grands voyageurs.

Les dernières caractéristiques propres aux premiers hommes sont finalement l'envie de socialisation et le désir de l'autre. L'homme, individu socio-extrême, est paradoxalement l'animal dont le processus d'individualisation est le plus poussé au niveau développemental[18]. C'est avec le langage que l'homme a la capacité de faire sa propre nature et de fournir à l'homme de fabriquer sa demeure[19]. Quant au désir de l'autre, il se manifeste dans l'attractivité pour le mâle, constatable chez la femelle. Nos auteurs relèvent une présentation très visible des charmes de la femelle : *« clairière de peau glabre au milieu*

---

16 FERRY(Luc) et VINCENT (Jean Didier).- *Qu'est-ce que l'homme ? Sur les fondamentaux de la biologie et de la philosophie.* (Paris, Odile Jacob 2001), p. 149.

17 FERRY(Luc) et VINCENT (Jean Didier).- *Qu'est-ce que l'homme ? Sur les fondamentaux de la biologie et de la philosophie.* (Paris, Odile Jacob 2001), p. 151.

18 FERRY(Luc) et VINCENT (Jean Didier).- *Qu'est-ce que l'homme ? Sur les fondamentaux de la biologie et de la philosophie.* (Paris, Odile Jacob 2001), p. 153.

19 FERRY(Luc) et VINCENT (Jean Didier).- *Qu'est-ce que l'homme ? Sur les fondamentaux de la biologie et de la philosophie.* (Paris, Odile Jacob 2001), p. 153.

de la fourrure révélée par la position du corps inclinée vers l'avant. La bipédie et le redressement du tronc entraînent une dissimulation progressive des genitalia entre les cuisses de la femelle[20]*.* » L'accouplement de face semble être le propre de l'homme à cause des dispositions anatomiques liées à la bipédie. Aussi *« dans ce face-à-face de l'homme et de la femme et dans l'œstrus permanent affiché par cette dernière à la surface de son corps*[21] *»,* nos auteurs voient-ils le fondement majeur des cultures et la nécessité des conventions sociales pour réglementer le désir. Les interdits sexuels comme l'inceste, trouvent là leur origine. Cette brève introduction ne me permet pas de m'appesantir sur d'autres spécificités qui font l'homme comme l'amour et la mort, la découverte du feu, le fait omnivore et finalement le cerveau et la pensée. Avec toutes ces caractéristiques, l'homme n'est-il pas doué pour devenir un interprète passionné du monde ? Mais revenons encore à l'origine de l'homme pour approfondir d'autres questions.

La question de l'homme, ce microcosme, tire son origine, au dire d'Olof Gigon de ***« la philosophie naturaliste… depuis le Vè a.C. »***[22] Si les présocratiques avaient su établir une nette distinction entre la philosophie de la nature et la philosophie des mathématiques, en revanche, pense Olof Gigon, *« les frontières entre la philosophie et la physiologie médicale, la zoologie et la botanique restaient encore mal définies*[23]*.* » Pour définir l'homme, la philosophie antique l'a

---

[20] FERRY(Luc) et VINCENT (Jean Didier).- *Qu'est-ce que l'homme ? Sur les fondamentaux de la biologie et de la philosophie.* (Paris, Odile Jacob 2001), p. 153-154 .

[21] FERRY(Luc) et VINCENT (Jean Didier).- *Qu'est-ce que l'homme ? Sur les fondamentaux de la biologie et de la philosophie.* (Paris, Odile Jacob 2001), p. 154.

[22] GIGON(Olof).- *Les grands problèmes de la philosophie antique* (Paris, Payot, 1961), p. 232

[23] GIGON(Olof).- *Les grands problèmes de la philosophie antique* (Paris, Payot, 1961), p. 232

rapproché de l'animal et cela s'est fait, fait remarquer Gigon, *« sur le plan de ce qu'on pourrait appeler la philosophie de la civilisation*[24]*. »*

L'animal, d'une part, ou tout simplement l'enfant, peut être regardé dans un premier temps comme *« l'expression d'une nature pure, intacte et exemplaire. Chez lui on retrouve ce que serait l'homme, s'il n'avait été corrompu sans cesse par la civilisation*[25]*. »* Quelle éthique a-t-on pu dégager par l'observation des animaux ? Gigon remarque par exemple que régulièrement, c'est l'animal le plus fort du troupeau qui jouit d'une autorité reconnue des autres, et que, par ailleurs, les espèces animales les plus faibles sont toujours victimes des plus fortes. Notre auteur pense alors que la philosophie grecque tire de là une *« éthique de la volonté de puissance...elle consiste à dire qu'il s'agit d'être le plus fort, puisque c'est toujours le plus fort qui a raison*[26]*. »*

L'animal, d'autre part, devient pour certains le modèle de la frugalité naturelle. L'animal connaît les limites de ses besoins et ne commet aucun excès. Il possède des qualités éthiques. Ainsi Gigon attribue facilement à l'aigle l'orgueil, au serpent la ruse, au lion le courage, au cerf la crainte, au cheval la noblesse et à l'âne l'opiniâtreté. Mais, malgré ces qualités éthiques que la philosophie attribue à l'animal, elle constate qu'il y a une grande opposition entre l'homme qui est doué de raison et l'animal qui en est privé.

Les avantages indiscutables que l'homme a sur l'animal sont de trois ordres que Gigon résume en ces termes *: « En rapport avec la marche avec le corps droit, la faculté de lever les yeux vers le ciel et d'y connaître les dieux et...la*

---

[24] GIGON(Olof).- *Les grands problèmes de la philosophie antique* (Paris, Payot, 1961), p. 232

[25] GIGON(Olof).- *Les grands problèmes de la philosophie antique* (Paris, Payot, 1961), p. 232

[26] GIGON(Olof).- *Les grands problèmes de la philosophie antique* (Paris, Payot, 1961), p. 232

faculté de former une communauté grâce à la compréhension réciproque du juste et de l'injuste[27]. » Que pouvons-nous retenir de cette anthropologie de la Grèce antique ?

Sur la nature humaine et sur le champ d'action qui lui est départi, Louis Gernet pense qu'il y a une espèce d'antinomie. *« L'homme, pense-t-il, (est) détenteur – et même, exceptionnellement, créateur – de techniques dont on pourrait croire le développement indéfini s'il ne rencontrait pas une double limite : il y a la mort, barrière infrangible ; et il y a les Dieux, de qui les hommes tiennent la justice ; l'homme est une chose merveilleuse, mais il est étroitement borné, et son action, au fond, n'est pas autonome*[28]. » Gernet soutient en plus que l'homme grec est un homme solitaire[29].

Finalement dans le monde grec, l'homme est décrit comme une synthèse du monde, un modèle réduit de l'univers, un microcosme. Il est le centre du monde des symboles. Mais chez les Grecs, l'homme a conscience d'un désordre ou d'un chaos profond qui peut toujours faire irruption dans l'ordre du monde et tout détruire. L'histoire de Job, homme pieux de la Bible qui en l'espace d'un instant a tout perdu, s'est aussi répétée chez les Grecs. Ainsi l'homme grec est un homme tragique et comme le dit si bien Léopold Flam, *« Personne n'est responsable de ses gains et de ses mécomptes ; c'est des dieux que les uns et les autres nous viennent. Aucun homme, dans la poursuite d'une affaire, ne sait si l'issue en sera bonne ou mauvaise ; car souvent il prend le bon parti en croyant prendre le mauvais, le mauvais*

---

27 GIGON(Olof).- *Les grands problèmes de la philosophie antique* (Paris, Payot, 1961), p. 232

28 GRENET(Louis).- *Anthropologie de la Grèce antique* (Paris, Flammarion, 1982), p. 14

29 GRENET(Louis).- *Anthropologie de la Grèce antique* (Paris, Flammarion, 1982), p. 25

en croyant prendre le bon[30]. » Et il ajoute un peu plus loin : « *Notre ignorance, à nous humains, nous inspire de vains espoirs ; ce sont les dieux qui accomplissent tout selon leur volonté*[31]. » Le ciel qui paraît si limpide au Grec peut s'assombrir brusquement et la nature peut s'ensauvager. Le monde dans lequel vit l'homme grec peut lui devenir un étranger et se présenter comme son ennemi. C'est alors que « *l'inimitié du monde s'appelle chez les Grecs la jalousie des Dieux*[32]. » Il y a toutefois des correspondances entre le monde et l'homme.

En effet, Jean Chevalier et Alain Gheerbrant « ont signalé les analogies et les correspondances que l'on trouve entre les éléments du composé humain et les éléments qui composent l'univers, entre les principes qui commandent les mouvements de l'homme et ceux qui régissent l'univers[33]. » Pour nos deux auteurs, « *les os de l'homme tiennent de la terre, le sang de l'eau, les poumons de l'air, la tête du feu*[34]. » Plus intéressant, l'affirmation suivante : « *Le système nerveux se rattache au feu, le respiratoire à l'air, le circulatoire à l'eau, le digestif à la terre*[35]. » Il y a une correspondance entre l'homme et les trois niveaux cosmiques : « *Au terrestre par les pieds, à l'atmosphère par*

---

30 FLAM(Léopold).- *L'homme et la conscience tragique. Problèmes du temps présent (*Bruxelles, Presses Universitaires de Bruxelles, 1964), p. 10

31 FLAM(Léopold).- *L'homme et la conscience tragique. Problèmes du temps présent (*Bruxelles, Presses Universitaires de Bruxelles, 1964), p. 10

32 FLAM(Léopold).- *L'homme et la conscience tragique. Problèmes du temps présent (*Bruxelles, Presses Universitaires de Bruxelles, 1964), p. 11

33 CHEVALIER(Jean) et GHEERBRANT(Alain).- *Dictionnaire des symboles* (Paris, Robert Laffont 1969), p. 507

34 CHEVALIER(Jean) et GHEERBRANT(Alain).- *Dictionnaire des symboles* (Paris, Robert Laffont 1969), p. 508

35 CHEVALIER(Jean) et GHEERBRANT(Alain).- *Dictionnaire des symboles* (Paris, Robert Laffont 1969), p. 508

le buste, au céleste par la tête. Il participe des trois règnes, minéral, végétal, animal ; par son esprit, il entre en rapport avec la divinité[36]*. »* Mais une question reste en suspens, le rapport de l'homme et de l'animal.

Pour Françoise Armengaud, le terme animalité est chargé d'une riche polysémie et d'une charge affective et idéologique considérable[37]. L'animalité, d'une façon extensive, serait la communauté formée des espèces vivantes, plantes exclues, autres que l'espèce humaine. D'une façon compréhensive, elle serait l'ensemble des manières, autres que l'humaine, d'être en vie et au monde. A la condition de l'homme, dans sa diversité culturelle répondrait une condition de l'animal, avec ses diversités spécifiques. Les conditions de l'homme et de l'animal sont étroitement solidaires, que ce soit dans l'analogie ou dans l'antagonisme. Armengaud perçoit déjà là le caractère unilatéral et anthropocentrique d'une telle dichotomie[38]. Elle pense être en proie à une illusion linguistique lorsqu'elle parle de l'animalité comme d'une chose une, et de l'animal comme d'une entité unique[39].

L'animalité est comme une métaphore qui habite aussi l'être humain. C'est le corps, ou ce qui est ressenti comme instinctif, inné, ou sauvage ; ce qui nous échappe, d'irrationnel ou de sensuel, cible de censures, et qui nous met en joie ou suscite la honte. Ainsi déterminé pleinement, le concept d'animalité renvoie à des fascinations dans le registre imaginaire, à des valorisations dans celui de l'éthique.

---

36 CHEVALIER(Jean) et GHEERBRANT(Alain).- *Dictionnaire des symboles* (Paris, Robert Laffont 1969), p. 508

37 ARMENGAUD(Françoise).- *Animalité et humanité* dans *Symposium – Encyclopædia Universalis* (Paris, France 1985), p. 13

38 ARMENGAUD(Françoise).- *Animalité et humanité* dans *Symposium – Encyclopædia Universalis* (Paris, France 1985), p. 13

39 ARMENGAUD(Françoise).- *Animalité et humanité* dans *Symposium – Encyclopædia Universalis* (Paris, France 1985), p. 13

Pour Armengaud, l'animal est pour la culture, une figure privilégiée de l'altérité[40]car l'animal a longtemps fourni à l'homme un miroir et un langage : c'est la symbolique des bestiaires. Elle écrit : *« Après le temps de la fraternelle confiance en un âge d'or où les bêtes parlaient, et après la rude relégation cartésienne du monde animal dans un mutisme essentiel et sans limites, l'éthologie s'est enfin avisée de la réalité de la communication animale, intra spécifique et interspécifique[41]. »* L'enjeu est aujourd'hui de parler des droits des animaux. Nous laissons ce débat de côté, pour poursuivre notre réflexion sur la perception de l'homme dans différentes cultures. La première que nous abordons est la culture mésopotamienne.

En effet la question de l'homme avait été une préoccupation de la culture mésopotamienne. L'excellent ouvrage de Jean Bottero et de Samuel Noah Kramer souligne que la création est souvent écrite comme une lutte de la divinité contre les puissances du chaos, ainsi en Babylonie, où le dieu Mardouk triomphe de Tiamat et selon le récit de la création *Enouma Elish.*, Jean Bottero et Samuel Kramer disent que *« Mardouk crée la terre, une sorte d'île enveloppée de toutes parts des eaux maritimes, comme un radeau qui flotte et sur lequel il entasse la poussière du sol, délimitée par les escarpements du rivage. Incontinent, en vue d'assumer aux dieux une existence fournie en abondance de tous biens et insoucieuse, il crée l'humanité, avec le concours de la déesse-mère Aruru – croyance répandue et qui impliquait plus ou moins une vision sexuée…Puis il crée ce qui alimentera le travail théocentrique des hommes : le règne animal, d'abord dans son état sauvage ; les deux fleuves*

---

40 ARMENGAUD(Françoise).- *Animalité et humanité* dans *Symposium – Encyclopædia Universalis* (Paris, France 1985), p. 13

41 ARMENGAUD(Françoise). - *Animalité et humanité* dans *Symposium – Encyclopædia Universalis* (Paris, France 1985), p. 13

vivificateurs, et la végétation, également sauvage[42] » Le premier récit de la Bible sur la création de l'homme, de tradition sacerdotale, tiré du livre de la *Genèse*[43] prend sa source dans cette tradition mésopotamienne. Selon ce récit biblique, Dieu n'est pas seulement l'auteur du premier homme, mais encore celui de chaque individu, de chaque représentant de l'espèce. Dans le récit mésopotamien, *« l'homme intervient, comme pour parachever la création, en doublant la nature par la culture : car lui aussi part d'une sorte de néant culturel. Il reçoit d'abord, ou se procure par son travail, le gros et le menu bétail, tout en tirant profit des animaux non domesticables*[44]. » Qu'en est-il dans les autres cultures, à propos de l'homme ?

Dans la religion mazdéenne, selon Jean Chevalier et Alain Gheerbrant[45], l'homme des origines, comme une sorte d'Atlas portant le monde, est considéré comme le pilier cosmique, qui a pour mission essentielle d'étayer le ciel et la terre ; constamment menacés de se dissocier et de se désintégrer. L'homme est ainsi centre et principe d'unité et finalement s'identifie avec le principe suprême.

Quant à la tradition biblique, l'idée que l'homme est fait à l'image de Dieu est une vérité fondamentale : *« Dieu dit : faisons l'homme comme à notre image comme à notre ressemblance...Alors Dieu modela l'homme avec la glaise du sol, et il insuffla dans ses narines une haleine de vie et l'homme devint un être vivant*[46]. » Les commentateurs de la

---

42 BOTTERO(Jean) et KRAMER (Samuel Noah).- *Lorsque les dieux faisaient l'homme. Mythologie mésopotamienne* (Paris, Gallimard 1989), p. 500.

43 Gn 1,26-28) et Gn 2,7-8

44 BOTTERO(Jean) et KRAMER (Samuel Noah).- *Lorsque les dieux faisaient l'homme. Mythologie mésopotamienne* (Paris, Gallimard 1989), p. 500.

45 CHEVALIER(Jean) et GHEERBRANT(Alain).- *Dictionnaire des symboles* (Paris, Robert Laffont 1969), p. 508

46 *Genèse* 1,26 ; 2,7

Traduction Œcuménique de la Bible disent que les termes image et ressemblance définissent l'homme (l'homme et la femme) comme le souligne le verset 27, par rapport à Dieu : leur sens théologique est très discuté. Ces mots se retrouvent en 5,3 pour exprimer la conformité d'un fils à son père. On lit déjà dans les conseils d'un roi égyptien à son fils Mérikaré (vers 2000 av. J.C) : *« Les hommes sont les images de Dieu qui sont sorties de ses membres*[47] *»* En *Genèse* 1,26, la ressemblance atténue ce que le mot image aurait pu suggérer de trop matériel. Cette ressemblance au verset 28 comme en *Psaume* 8,7 est signifiée par la domination de l'homme sur l'ensemble de la création. D'autre part, Ezéchiel voit sur *« le trône céleste une ressemblance comme un aspect d'homme*[48]*. »* Le Nouveau Testament donne de nouvelles précisions sur ces liens filiaux entre l'homme et Dieu.

En résumé, pour Jean Chevalier et Alain Gheerbrant[49], la Bible fonde les relations du microcosme (l'homme) et du macrocosme (non seulement l'univers, mais la pensée englobante de Dieu : idée et force de l'univers) Pour chaque homme sa naissance est comme une création du monde : pour lui, c'est tout un bonheur qu'il naisse ou que le monde naisse ; de même, sa mort est comme la fin du monde ; pour celui qui meurt, c'est tout un mourir au monde ou que le monde meure avec lui. Cet ensemble Dieu-univers-homme est exprimé par une sphère, l'image traditionnelle du monde, dont chaque homme occupe le centre. Il ne se définit pour lui que dans leurs rapports réciproques : l'homme symbolise un nœud de relations cosmiques.

---

47 T.O.B. *Genèse* 1,26 note r

48 *Ezéchiel* 1,26

49 CHEVALIER(Jean) et GHEERBRANT(Alain).- *Dictionnaire des symboles* (Paris, Robert Laffont 1969), p. 508

Jean Chevalier et Alain Gheerbrant pensent que pour les Chinois[50], toute individualité humaine est un complexe et correspond à une certaine combinaison d'éléments. Les composants ne sont jamais conçus, ni comme uniquement spirituels, ni comme uniquement corporels. Toute nature est donc le produit d'un certain dosage et d'une combinaison plus ou moins harmonieuse. C'est la proportion de yin et de yang qui caractérise la condition physique de l'homme ; c'est cet équilibre qui est rompu lorsqu'il y a maladie. Les médecins chinois avaient établi une correspondance du corps humain avec le cosmos : *« terre ronde/le ciel ; cheveux/étoiles et constellations ; yeux et oreilles/soleil et lune ; pneuma/vent ; vaisseaux et humeurs du corps/fleuves et eaux ; orifices et veines/vallées et rivières/quatre mers corporelles (l'estomac, mer de l'eau ; l'aorte, mer du sang ; le médiastin, mer des poumons ; le cerveau, mer de moelle osseuse)/les quatre mers cosmiques ; squelette/montagnes ; cœur /la Grande Ourse ; sept orifices du cœur/les sept étoiles de la Grande Ourse ; cinq viscères/cinq éléments ; les huit parties du corps/les huit trigrammes ; les neuf ouvertures du corps/les neuf portes du ciel ; les quatre membres/les quatre saisons ; les douze grandes articulations/les douze mois ; les 360 petites articulations/les 360 jours de l'année. »* Ainsi définie, cette correspondance peut faciliter la médecine chinoise. Une culture comme la culture africaine mérite toute notre attention, étant donné la problématique de cet ouvrage.

Chez les Africains, l'homme n'est pas ce que l'imagerie occidentale chez Galien nous a fait découvrir et que Jean-Marc Ela nous en a fait la brochette dans <u>Cheick Anta Diop ou l'honneur de penser</u>: *« Les traits caractéristiques du nègre (se ramènent) à deux, qui lui paraissent fondamentaux : 1) longueur démesurée du sexe ; 2) hilarité, forte propension au*

---

[50] CHEVALIER(Jean) et GHEERBRANT(Alain).- *Dictionnaire des symboles* (Paris, Robert Laffont 1969), p. 508

rire. Le nègre serait un être hilare au sexe démesurément long[51]. » Nous avons affaire ici à des identifications caricaturales du Noir que nous ne pouvons retenir dans une étude sérieuse, mais qui malheureusement se poursuivent jusque de nos jours. Alors qu'est-ce qu'un Africain ? Qui l'est ? Comment et pourquoi se pose la question d'une telle identité ?

Pour Eboussi Boulaga, dans A Contretemps. L'enjeu de Dieu en Afrique, deux courants d'opinion s'affrontent au sujet de cette étiquette qui ne va pas sans dire : *« Pour le premier, l'Afrique est une simple appellation qui recouvre des réalités humaines qu'on ne saurait ramener à l'unité. Il souligne à l'envie la diversité écologique, les différences et les antagonismes ethniques, auxquels s'ajoutent les écarts sociaux, économiques et culturels introduits par des colonisations dissemblables*[52]. » Pour ce premier courant, l'Afrique serait « *une entité abstraite constituée de manques, un être privatif, sans écriture, sans Etats, sans industrie ni science*[53]. » L'Afrique est connue de façon négative comme une entité *« préhistorique, préindustrielle, préscientifique, préphilosophique*[54]. » Quelles sont ces valeurs ?

Eboussi les cite tout en critiquant certaines d'entre elles : *« La permanence têtue de l'oralité, (le) symbolisme universel, (une) métaphysique de la force vitale et de la participation, (un) sens inné du rythme et du sacré, (une) esthétique au canon stable qui est célébration de la vie*

---

51 ELA(Jean-Marc).- *Cheikh Anta Diop ou l'honneur de penser* (Paris, l'Harmattan, 1989), p. 25

52 EBOUSSI (Fabien, Boulaga).- *A Contretemps. L'enjeu de Dieu en Afrique.* (Paris, Karthala, 1991), p. 44

53 EBOUSSI (Fabien, Boulaga).- *A Contretemps. L'enjeu de Dieu en Afrique.* (Paris, Karthala, 1991), p. 44

54 EBOUSSI (Fabien, Boulaga).- *A Contretemps. L'enjeu de Dieu en Afrique.* (Paris, Karthala, 1991), p. 44

intégrale, celle qui est victorieuse de la mort[55]. » A ces valeurs il faudrait ajouter d'autres comme la solidarité. Nous voudrions nous attarder sur cette dernière valeur à cause de son importance.

Pour le Professeur Augustin Dibi Kouadio, *« le monde africain a toujours été présenté comme un monde dont la racine substantielle est la communion. L'individu n'a le sentiment d'être chez soi que précisément dans l'acte par lequel il quitte la particularité pour se diluer dans le tout à l'extérieur de lui : c'est la dilution chaleureuse, semblable à l'effet procuré par une poignée de main, une accolade, le sourire de deux amis fumant le calumet d'une première rencontre. L'individu ne se retrouve qu'en débordant de soi, à la manière d'une rivière que son lit ne peut contenir*[56]. » Un peu plus loin, le Professeur Dibi critique cette solidarité qui ne permet pas à l'Africain de s'élever à l'intuition d'une œuvre collective et en faire le but ultime de sa vie comme un sujet autonome. Pour lui, et à juste titre, *« dans l'univers traditionnel africain, seule semble importer l'unité indifférenciée de la communauté*[57]. »

Le second courant pense que l'identité africaine est un fait de nature, qui se préserve lui-même à travers les âges. Ce que le premier courant appelle manque, *« n'est que l'envers de valeurs et de propriétés positives et immémoriales déposées au fond de sa culture et de son être*[58]. »

---

55 EBOUSSI (Fabien, Boulaga).- *A Contretemps. L'enjeu de Dieu en Afrique.* (Paris, Karthala, 1991), p. 44

56 DIBI (Augustin, Kouadio).- « L'autonomie de la personne : une vérité incontournable en devenir dans l'actualité de l'Afrique » in *RUCAO* N° 17- 2002 *Le devenir de nos sociétés en Afrique. Penser l'existence.* (Abidjan, UCAO 2002), p. 7

57 EBOUSSI (Fabien, Boulaga).- *A Contretemps. L'enjeu de Dieu en Afrique.* (Paris, Karthala, 1991), p. 8

58 EBOUSSI (Fabien, Boulaga).- *A Contretemps. L'enjeu de Dieu en Afrique.* (Paris, Karthala, 1991), p. 44

D'autres cultures et non des moindres auraient mérité d'être signalées mais le temps nous presse de présenter l'homme médiéval.

L'homme médiéval a existé et n'est pas une abstraction loin de la réalité historique. Cette affirmation, dix médiévistes actuels, réunis sous la direction de Jacques Le Goff, l'ont soutenue, en lui donnant dix profils dans un ouvrage collectif. La plupart de ces auteurs de ces profils ont insisté sur la diversité des types d'hommes au Moyen Age qu'ils présentaient. Le premier profil qui se présente est le moine. Nos commentateurs préfèrent parler des moines que du moine.

En effet, il faut faire la distinction entre *« les moines provençaux (Lérins, Saint-Victor de Marseille) des IVè-Vè siècles, s'inspirant du modèle oriental des Pères du désert, et les clunisiens à partir du Xè siècle, entre les Irlandais des VIIè-VIIIè siècles et les cisterciens du XIIè siècle, entre saint Benoît et Joachim de Flore*[59] *... »* Le moine serait-il alors un solitaire ou un apôtre ? Un travailleur manuel ou un intellectuel ? Un serviteur de Dieu, homme de prière et les offices liturgiques ou un serviteur de la chrétienté dans les ordres militaires de moines-soldats nés de la Croisade, qui a choisi la vie érémitique ou la vie conventuelle ? Et pourtant *« les hommes du Moyen Age ont bien conscience de l'existence d'un type particulier, d'un personnage collectif, le moine*[60]*. »*

Le moine, en effet, est un homme qui, individuellement ou collectivement, se sépare de la masse sociale pour vivre un rapport privilégié avec Dieu. Il est en outre, celui qui pleure sur ses propres péchés et sur les péchés des hommes, et par une vie de prière, de méditation et de pénitence, cherche à

---

59 LE GOFF(Jacques).- *L'homme médiéval* (Paris, Seuil, 1989), p. 8

60 LE GOFF(Jacques).- *L'homme médiéval* (Paris, Seuil, 1989), p. 8

accomplir son propre salut et celui des hommes. A côté du moine, l'homme du Moyen Age est aussi citadin.

Le citadin est le dénominateur commun entre *« le mendiant et le bourgeois, le chanoine et la prostituée*[61] *»,* mais aussi entre *« l'habitant de Florence et celui de Montbrison*[62] *»,* entre *« le néo-citadin de la croissance première et son descendant du XVè siècle*[63] *»* Le citadin médiéval s'oppose au paysan, sa contre-figure, mais le paysan et lui ne peuvent s'ignorer et *« s'intègrent dans un même petit univers de peuplement dense qui impose des formes de sociabilité inconnues au village, une façon de vivre spécifique, l'usage quotidien des deniers et, pour certains, une obligatoire ouverture sur le monde*[64]. *»* L'homme médiéval, c'est aussi la femme dans ses diverses conditions, la femme concrètement définie par sa place, ses fonctions au sein de la famille.

L'idéologie médiévale définit la femme comme *« un être trompeur et tentateur, la meilleure auxiliaire du diable, une éternelle Eve mal rachetée par Marie, un être dangereux à surveiller, un mal nécessaire précisément pour l'existence et le fonctionnement de la famille, la procréation et le contrôle de ce danger majeur pour l'homme chrétien, la sexualité*[65]. *»* Finalement l'être médiéval, c'est aussi l'artiste.

L'artiste médiéval c'est l'orfèvre roman, l'architecte, le sculpteur, mais aussi le peintre de vitrail gothique. Il est aussi un miniaturiste. C'est un personnage créateur pour une société dans laquelle et pour laquelle il crée. Résumons-nous.

L'homme médiéval est avant tout un croyant. Pour l'anthropologie chrétienne médiévale, l'homme est d'abord la

---

[61] LE GOFF(Jacques).- *L'homme médiéval* (Paris, Seuil, 1989), p. 8

[62] LE GOFF(Jacques).- *L'homme médiéval* (Paris, Seuil, 1989), p. 8

[63] LE GOFF(Jacques).- *L'homme médiéval* (Paris, Seuil, 1989), p. 8

[64] LE GOFF(Jacques).- *L'homme médiéval* (Paris, Seuil, 1989), p. 8

[65] LE GOFF(Jacques).- *L'homme médiéval* (Paris, Seuil, 1989), p. 9

créature de Dieu[66]. Le destin, la nature et l'histoire de l'homme s'apprennent d'abord dans le livre de la *Genèse* au début de l'Ancien Testament. Le sixième jour de la création, Dieu a créé l'homme et lui a donné les pleins pouvoirs sur toute la création : la faune et la flore qui lui fourniraient sa nourriture. L'homme médiéval a donc vocation à être le maître d'une nature désacralisée, de la terre et des animaux. Mais Adam, le premier homme, à l'instigation d'Eve, la première femme, elle-même corrompue par le serpent, c'est-à-dire le mal, a commis le péché. Désormais, deux êtres habitent en lui, celui qui a été fait à l'image et à la ressemblance de Dieu et celui qui, ayant commis le péché original, a été chassé du paradis terrestre et condamné à la souffrance, concrétisée par le travail manuel pour l'homme et les douleurs de l'enfantement pour la femme, à la honte, symbolisée par le tabou de la nudité des organes sexuels, et à la mort.

Selon les époques, la chrétienté médiévale insistera plutôt sur l'image positive de l'homme, un être divin, crée par Dieu à sa ressemblance et associé à sa création, puisque Adam a donné leur nom à tous les animaux, appelé à retrouver le paradis perdu par sa faute, ou plutôt sur son image négative, celle du pécheur, toujours prêt à succomber à la tentation, à renier Dieu et donc à perdre pour toujours le paradis, à tomber dans la mort éternelle.

Cette vision pessimiste de l'homme, faible, vicieux, humilié devant Dieu, est présente tout au long du Moyen Age, mais elle est plus accusée pendant le haut Moyen Age du 4ème au10°e siècle – et encore aux 11ème -12ème siècles-, et l'image optimiste de l'homme, reflet de l'image divine capable de continuer sur terre la création et de se sauver, a tendance à l'emporter à partir des XIIè-XIIIè siècles.

---

[66] LE GOFF(Jacques).- *L'homme médiéval* (Paris, Seuil, 1989), p. 10

L'interprétation de la malédiction du travail à la suite du péché d'Adam et Eve domine l'anthropologie du Moyen Age. C'est la lutte entre deux conceptions du travail/labeur et de l'homme au travail. D'un côté, le Moyen Age insiste sur le caractère de malédiction et de pénitence du travail, de l'autre sur ses potentialités d'instrument de rachat et de salut. Ainsi à cette époque on voit plus s'affirmer l'image d'un Adam capable d'un travail créateur que d'un Adam écrasé par le travail-châtiment et malédiction.

Dans le haut Moyen Age, le modèle biblique, en qui s'est sans doute le mieux incarnée l'image de l'homme, c'est Job. Job est l'homme qui doit accepter la volonté de Dieu, sans y chercher d'autres justifications que le bon plaisir divin. Car il est moins pécheur que n'importe quel homme. Accablé par les épreuves de Dieu, longtemps il ne comprend pas, constate que l'homme consume ses jours sans espoir, que sa vie n'est que du vent. Finalement, il abdique toute fierté, toute revendication. Pour finir, nous pouvons dire que l'homme médiéval, c'est l'homo viator (l'homme voyageur), *« toujours en route sur cette terre et dans sa vie qui ne sont que les espaces-temps éphémères de son destin où il chemine, selon ses choix, soit vers la vie, soit vers la mort – pour l'éternité*[67]*. »* Après la conception de l'homme médiéval, l'homme de la Renaissance nous oblige à nous arrêter sur ses caractéristiques, étant donné son importance pour la vision nietzschéenne de l'homme.

Dans son ouvrage remarquable sur Humanisme et Renaissance, Pierre Mari nous donne la charte de l'humanisme à travers le Discours sur la dignité de l'homme de Pic de la Mirandole. Il nous signale d'abord, une première idée qui fera fortune, à cette époque. Elle est érasmienne : *« L'homme ne naît pas homme, il le devient*[68]*. »* Le

---

[67] LE GOFF(Jacques).- *L'homme médiéval* (Paris, Seuil, 1989), p. 13

[68] MARI(Pierre). - *Humanisme et Renaissance* (Paris, Marketing 2000), p. 12

cheminement de cette problématique de la Renaissance peut être suivi jusqu'à l'existentialisme sartrien, qui la cristallisera en formules célèbres : l'homme ne se définit pas par une quelconque essence, mais par l'aptitude à doter son existence d'un projet créateur et libérateur.

Frederick Copleston, dans son best-seller *A History of Philosophy*, à propos de Jean Pic de la Mirandole nous apprend qu' *« (il) fut fortement influencé par la théologie négative du néo-platonisme et du Pseudo-Denys. Dieu est l'Unique ; mais Il est un être au-dessus de toute chose. Il est tous les êtres, dans le sens qu'Il comprend en Lui toutes les perfections dans son indivisible unité, d'une façon ineffable qui dépasse notre compréhension. Par rapport à notre compréhension de Dieu, nous sommes dans l'obscurité ; philosophiquement nous le connaissons par négation, en opposant les limites de nos perfections d'être créé. La vie est une perfection ; la sagesse en est une autre. Penses au-delà des particularités et des limitations de celles-ci et de toutes les autres perfections et ce qui reste est Dieu*[69]*. »* Cette conception de Dieu appelle une certaine compréhension de l'homme.

Le monde est un système harmonieux, composé d'êtres appartenant à différents niveaux de réalité ; et Jean Pic de la Mirandole nous parle de Dieu comme Quelqu'un qui a désiré créer un être qui contemple la nature du monde, qui en aime la beauté et qui admire sa grandeur. Il pense finalement à créer l'homme. Ce dernier occupe une place privilégiée et exceptionnelle parmi les autres créatures. Dieu ne l'a doté d'aucune essence ou caractéristique particulière, et c'est en ces termes qu'il s'est adressé à lui au moment de la Création : *« Je ne t'ai donné, ô Adam, ni place déterminée, ni visage propre, afin que ta place, ton visage et tes dons, tu les*

---

69 COPLESTON (Frederick). - *A History of Philosophy. Vol. III: late medieval and renaissance philosophy* (New York, Image Books, 1963), p. 213.

conquières et les possèdes par toi-même.[...] Je ne t'ai fait ni terrestre ni céleste, ni mortel ni immortel, afin que, souverain de toi-même, tu élabores ta propre forme librement, à la manière d'un peintre ou d'un sculpteur. Tu pourras dégénérer en formes inférieurs, comme celles des bêtes, ou régénéré, atteindre la divinité des formes supérieures[70] » L'homme est le microcosme ; mais il a le don de la liberté, qui lui permet de croître comme de décroître. Mais, il demeure hostile au déterminisme des astrologues. Sa vision de l'homme, toutefois, demeure chrétienne. Cette idée de l'homme, nous voulons aussi l'approfondir avec un autre penseur de cette époque, Nicolas de Cuse.

Le Cusain affirme que l'homme combine en lui la matière, la vie organique, la vie animale sensitive et la rationalité spirituelle[71]. Copleston ajoute que *« l'homme est le microcosme, le petit monde, embrassant en lui-même les sphères spirituelles et matérielles de la réalité*[72]. » Nous ne pouvons pas nier, ajoute Copleston, que l'homme soit appelé le microcosme, c'est-à-dire, un petit monde ; et comme le grand monde qui a une âme, l'homme aussi en est doté[73]. L'univers est reflété en toute part, mais il est reflété plus parfaitement en idée. Ainsi l'univers, bien que reflété en toutes parts, est reflété plus parfaitement en l'homme. Aussi l'homme peut être appelé un *« monde parfait »*, bien qu'il

---

[70] COPLESTON (Frederick). - *A History of Philosophy. Vol. III: late medieval and renaissance philosophy* (New York, Image Books, 1963), p. 214.

[71] COPLESTON (Frederick). - *A History of Philosophy. Vol. III: late medieval and renaissance philosophy* (New York, Image Books, 1963), p. 243.

[72] COPLESTON (Frederick). - *A History of Philosophy. Vol. III: late medieval and renaissance philosophy* (New York, Image Books, 1963), p. 243.

[73] COPLESTON (Frederick). - *A History of Philosophy. Vol. III: late medieval and renaissance philosophy* (New York, Image Books, 1963), p. 243.

soit un petit monde et une partie du grand monde. En fait, en unissant en lui-même des attributs qui ont été trouvés séparément en d'autres êtres, l'homme est une représentation finie de la divine coïncidence des opposés.

Pour conclure sur l'homme de la Renaissance, nous affirmons avec Flam, que depuis cette époque, *« le soleil de la raison s'est lentement levé et il a chanté, l'une après l'autre, les chauves-souris de l'irraison et du chaos ; une vision diurne de l'homme et du monde s'est développée. L'art est devenu à la mesure de l'homme, la science, une arme par laquelle l'homme s'est émancipé de tout ce qui l'aliénait, sa politique est devenue terrestre, elle eut pour but d'organiser le bien-être humain, loin de toute métaphysique ou de tout autre préoccupation théorique*[74]*. »* Ainsi la Renaissance ne peut se comprendre aujourd'hui sans l'humanisme qui la caractérise.

Les 15ème et 16ème siècles européens orientent l'ensemble des activités humaines en un sens qui reste à bien des égards celui de Pierre Mari. Pour cet auteur, *« audaces de l'esprit critique, écrit-il, promotion de l'individu, passage du monde clos à l'univers infini, éclatement de l'unité chrétienne : autant d'élans et de ruptures qui marquent l'avènement de la modernité*[75]*. »* .Ce sont les historiens du XIXè siècle qui ont parlé d'humanisme, en *« prenant acte de cette révolution culturelle, qui bouleverse l'image que l'homme avait de lui-même et du monde*[76]*. »* Le mot existait bien sûr bien avant eux, mais ils lui ont donné une valeur et un prestige inégalés. Ainsi, l'humanisme, à leurs yeux, est

---

74 FLAM(Léopold).- *L'homme et la conscience tragique. Problèmes du temps présent (*Bruxelles, Presses Universitaires de Bruxelles, 1964), p. 13

75 MARI(Pierre).- *Humanisme et Renaissance* (Paris, Marketing 2000), p. 3

76 MARI(Pierre).- *Humanisme et Renaissance* (Paris, Marketing 2000), p. 3.

« le mouvement à la fois esthétique, philosophique, religieux et civique, apparu en Italie au XVè siècle, diffusé dans le reste de l'Europe au siècle suivant, qui exalte la dignité de l'homme par le biais d'un contact et revivifié avec les grands textes de l'Antiquité[77]*. »* Yves Labbé le traduit en d'autres termes en disant : *« L'humanisme (est) la vision du monde qui reconnaît la valeur suprême en la totalité humaine, en la communauté embrassant l'humanité entière et son expression, la personne humaine*[78]*. »* A côté de cet humanisme, il ajoute un autre, l'humanisme dialectique qui choisit de réaliser la totalité humaine dans l'immanence de l'histoire. Celui-ci est *« l'accomplissement de l'anthropologie, de la philosophie de l'homme*[79]*. »*

Ainsi le mot humanisme a soulevé, au cours de notre siècle, des questions et des polémiques, à la mesure de son succès et de sa banalisation. Pierre Mari relève son caractère idéologique et mythologique[80] et lui reproche *« l'écartèlement entre un ancrage historique précis et une extension universelle souvent hâtive : par un prodige d'élasticité dont il existe peu d'équivalents, le terme ne s'applique-t-il pas aussi bien à Erasme qu'à Dostoïevski, à Léonard de Vinci qu'à Malraux, à Montaigne qu'à Kurosawa*[81] *? »* Il nous semble que l'humanisme a un usage difficile, car *« (il) n'est ni une doctrine, ni une philosophie, mais un ensemble d'attitudes intellectuelles et éthiques dont la composition n'a cessé de varier au cours des lieux et des*

---

77 MARI(Pierre).- *Humanisme et Renaissance* (Paris, Marketing 2000), p. 3

78 LABBE(Yves).- *Humanisme et Théologie. Pour un préambule de la foi.* (Paris, Cerf, 1975), p. 26

79 LABBE (Yves).- *Humanisme et Théologie. Pour un préambule de la foi.* (Paris, Cerf, 1975), p. 26

80 MARI (Pierre).- *Humanisme et Renaissance* (Paris, Marketing 2000), p. 4.

81 MARI (Pierre).- *Humanisme et Renaissance* (Paris, Marketing 2000), p. 4.

époques[82]. » Nietzsche serait-il un humaniste ? Pour Pierre Caye, Yannis Constantinidès et Thierry Gonthier, *« Nietzsche est un humaniste, et il l'est d'abord au sens des Anciens, en philologue et en historien, c'est-à-dire en amoureux des humanitates*[83]. » Nietzsche répète le geste du savoir qui est précisément à l'origine de ce que nos auteurs appellent *« 'l'humanisme', qui consiste à remémorer et à méditer le savoir des Anciens.*[84] »

Nietzsche entre en dialogue avec la Renaissance, avec des auteurs comme Montaigne et Machiavel qui hantent son œuvre. Il n'oublie pas d'autres auteurs comme Dante, Pétrarque, Cardan, Bruno et Campanelle. Mais la Renaissance ce n'est pas l'histoire de la philosophie, c'est aussi un moment de la civilisation et sur ce terrain Nietzsche croise Burckhardt. Ainsi la vision de l'homme nietzschéen est fondée beaucoup plus sur la conception de la Renaissance que la conception grecque. Nietzsche se propose de *« perpétuer et d'embellir le concept d'homme.*[85] ». Embellir l'homme chez lui c'est lutter contre *« la domination des instincts grégaires, contre la morale altruiste, contre la culpabilisation de l'homme face à son animalité*

---

[82] MARI (Pierre).- *Humanisme et Renaissance* (Paris, Marketing 2000), pp. 4-5

[83] CAYE (Pierre), CONSTANTINIDES(Yannis) et GONTHIER (Thierry).- « Avant-propos » in *Noesis Revue philosophique du Centre de Recherches d'Histoire des Idées de l'Université de Nice* n° 10, *Nietzsche et l'humanisme*, 2006, p. 9

[84] CAYE(Pierre), CONSTANTINIDES(Yannis) et GONTHIER (Thierry).- « Avant-propos » in *Noesis* n° 10, *Nietzsche et l'humanisme*, 2006, *Revue philosophique du Centre de Recherches d'Histoire des Idées de l'Université de Nice* n° 10, *Nietzsche et l'humanisme*, 2006, p. 10

[85] CAYE(Pierre), CONSTANTINIDES(Yannis) et GONTHIER (Thierry).- « Avant-propos » in *Noesis* n° 10, *Nietzsche et l'humanisme*, 2006, *Revue philosophique du Centre de Recherches d'Histoire des Idées de l'Université de Nice* n° 10, *Nietzsche et l'humanisme*, 2006, p. 11

constitutive[86]. ». Nietzsche veut lutter contre *« le rétrécissement de l'homme, son rapetissement, son amoindrissement, son enlaidissement, qui ont réduit les hommes au statut d'homoncules ou omelettes, de semblants d'hommes, d'hommes copies*[87]*. »*

Nietzsche pense que l'humanité même est en danger, l'humain est en train de perdre sa noblesse et l'homme est en train d'être amputé par les morales ascétiques : voilà ce que Nietzsche appelle le crime contre l'humanité. C'est cet homme rendu à sa liberté et à sa dignité que Nietzsche appelle surhomme. Ce destin est inscrit originairement dans la nature de l'homme. En effet, *« la racine étymologique de Mensch...est mens qui lui-même vient de mensurare – mesurer, évaluer, donner la valeur »* C'est cet humanisme supérieur capable de restituer à l'homme, *« l'intégralité de sa nature – voire l'inhumanité elle-même, pour autant qu'elle est porteuse de nouvelles possibilités pour l'humanité*[88] *»*, qui permet à Nietzsche de critiquer le pseudo-humanisme de son temps. Il condamne moins l'humanisme, qu'il joue un humanisme contre un autre : *« L'humanisme de la Renaissance contre l'humanitarisme compassionnel de son siècle, Raphaël contre Wagner, le classicisme contre le*

---

86 CAYE(Pierre), CONSTANTINIDES(Yannis) et GONTHIER (Thierry).- « Avant-propos » in *Noesis* n° 10, *Nietzsche et l'humanisme*, 2006, *Revue philosophique du Centre de Recherches d'Histoire des Idées de l'Université de Nice* n° 10, *Nietzsche et l'humanisme*, 2006, p. 11

87 CAYE(Pierre), CONSTANTINIDES(Yannis) et GONTHIER (Thierry).- « Avant-propos » in *Noesis* n° 10, *Nietzsche et l'humanisme*, 2006, *Revue philosophique du Centre de Recherches d'Histoire des Idées de l'Université de Nice* n° 10, *Nietzsche et l'humanisme*, 2006, p. 11

88 CAYE(Pierre), CONSTANTINIDES(Yannis) et GONTHIER (Thierry).- « Avant-propos » in *Noesis* n° 10, *Nietzsche et l'humanisme*, 2006, *Revue philosophique du Centre de Recherches d'Histoire des Idées de l'Université de Nice* n° 10, *Nietzsche et l'humanisme*, 2006, p. 11

romantisme, la lucidité machiavélienne contre l'anarchie révolutionnaire de la Commune, le gai savoir de Montaigne contre les obscures poésies de la métaphysique idéaliste[89]. » Ainsi Il n'y a chez Nietzsche ni *« de vague espérance messianique ni de désespoir radical, mais seulement un dangereux et exaltant peut-être*[90]. »

Le nouveau type d'homme que Nietzsche veut élever, n'est pas le dernier homme, c'est-à-dire, *« l'homme fragmentaire et servile*[91] » mais le surhomme, c'est-à-dire *« l'homme complet, souverain, ayant surmonté le nihilisme de la civilisation moderne en un nihilisme créateur et instaurateur de valeurs nouvelles, l'homme qui à la fois sanctifie le devenir, en s'inscrivant dans la perspective de l'éternel retour, et donne corps, à travers son activité de connaissant, à ce devenir éternel*[92]. » Mais cette grandiose refondation nietzschéenne de l'anthropologie le conduit en

---

[89] CAYE (Pierre), CONSTANTINIDES(Yannis) et GONTHIER (Thierry).- « Avant-propos » in *Noesis* n° 10, *Nietzsche et l'humanisme*, 2006, *Revue philosophique du Centre de Recherches d'Histoire des Idées de l'Université de Nice* n° 10, *Nietzsche et l'humanisme*, 2006, p. 11

[90] CAYE (Pierre), CONSTANTINIDES(Yannis) et GONTHIER (Thierry).- « Avant-propos » in *Noesis* n° 10, *Nietzsche et l'humanisme*, 2006, *Revue philosophique du Centre de Recherches d'Histoire des Idées de l'Université de Nice* n° 10, *Nietzsche et l'humanisme*, 2006, p. 12

[91] CAYE (Pierre), CONSTANTINIDES(Yannis) et GONTHIER (Thierry).- « Avant-propos » in *Noesis* n° 10, *Nietzsche et l'humanisme*, 2006, *Revue philosophique du Centre de Recherches d'Histoire des Idées de l'Université de Nice* n° 10, *Nietzsche et l'humanisme*, 2006, p. 12

[92] CAYE(Pierre), CONSTANTINIDES(Yannis) et GONTHIER (Thierry).- « Avant-propos » in *Noesis* n° 10, *Nietzsche et l'humanisme*, 2006, *Revue philosophique du Centre de Recherches d'Histoire des Idées de l'Université de Nice* n° 10, *Nietzsche et l'humanisme*, 2006, p. 12

définitive à la mort de l'homme englouti par ses superstructures vaines et impuissantes.

Notre projet s'établira dans deux directions : la première direction nous présentera Nietzsche lui-même : nous l'avons intitulée : voici l'homme. Ensuite la deuxième direction, dégagera toutes les occurrences d'homme, d'humanité, de surhomme et d'humanisme dans les textes de Nietzsche et de ses commentateurs et fera l'approche définitionnelle de ces concepts: nous ne manquerons pas au passage de faire le lien entre humanisme et renaissance, de parler du surhumanisme de l'homme et de l'humanisme du surhomme. Dans notre conclusion, nous mettrons Nietzsche face de la crise de l'humanisme et nous nous verrons ce qu'il peut apporter de grand à l'homme africain d'aujourd'hui.

PREMIERE PARTIE :

VOICI L'HOMME

INTRODUCTION PARTIELLE

La vision nietzschéenne de l'homme ne peut se percevoir sans connaître l'homme lui-même. Dans sa philosophie se dissimulent, selon Lou Andréas-Salomé, *« des méandres, des sentiers et des lignes qui s'entrecoupent et où le seul élément permettant encore de donner une orientation est le fait que ses propres traces demeurent toujours dans le sol[93]. », « Ce qui intéresse Nietzsche chez un philosophe, c'est sa philosophie en tant qu'elle témoigne de l'homme qui l'a écrite, de la vie qu'il a vécue et de la vie dont elle est l'expression. C'est en ce sens qu'on peut parler d'une psychologie de Nietzsche[94]. »* Dans la mesure où Nietzsche s'écrit lui-même (***mihi ipsi scripsi***) comme le soutient Lou Andréas-Salomé[95], il nous a paru opportun d'aborder la question de la conception nietzschéenne de l'homme en expliquant *« le penseur par l'homme »*[96] car selon notre auteur, Nietzsche *« n'écrivait que pour lui-même...il ne décrivait que lui-même »* et *« c'était sa substance même qu'il transmuait en pensées. »*[97] Nous utiliserons pour cette recherche sur Nietzsche, les Œuvres complètes dans la collection Bouquin de Robert Laffont. Nous allons dans la première partie de ce travail

---

[93] ANDREAS-SALOME (Lou).- *Friedrich Nietzsche à travers ses œuvres* (Paris, Grasset, 1992), p. 14

[94] NIETZSCHE (Friedrich).- *Introduction à l'étude des dialogues de Platon* (Paris, Editions de l'éclat 2005), p. 14

[95] ANDREAS-SALOME (Lou).- *Friedrich Nietzsche à travers ses œuvres* (Paris, Grasset, 1992), p. 27

[96] ANDREAS-SALOME (Lou).- *Friedrich Nietzsche à travers ses œuvres* (Paris, Grasset, 1992), p. 27

[97] ANDREAS-SALOME (Lou).- *Friedrich Nietzsche à travers ses œuvres* (Paris, Grasset, 1992), p. 27

décrire l'homme nietzschéen à partir de lui-même, car dépeindre les traits essentiels de la personnalité de Nietzsche, c'est comprendre le sens profond et l'évolution de sa philosophie. *« La philosophie est l'exigence de parvenir à la vérité absolue, à saisir le fond de toutes choses*[98]. » Elle est inséparable d'une dramatisation ou d'une concrétisation. Mais le concret nietzschéen est la vie de la personne Nietzsche ou la vie qui le traverse, le déchire et s'exprime à travers lui[99]. Cette première partie comprendra deux chapitres : sa biographie et sa personnalité.

[98] NIETZSCHE (Friedrich).- *Introduction à l'étude des dialogues de Platon* (Paris, Editions de l'éclat 2005), p. 14

[99] NIETZSCHE (Friedrich).- *Introduction à l'étude des dialogues de Platon* (Paris, Editions de l'éclat 2005), p. 16

PREMIER CHAPITRE :

BIOGRAPHIE

Frédéric-Guillaume (Friedrich-Wilhelm) Nietzsche est né le 15 octobre 1844 à Röcken, près de Lützen, le jour anniversaire de naissance du roi Frédéric-Guillaume IV de Prusse. Son père Karl-Ludwig Nietzsche était de famille ecclésiastique luthérienne. Son père et son grand-père avaient enseigné la théologie. Sa mère, née Françoise Oehler[100] ou Oehri[101] était elle aussi, fille et petite-fille de pasteurs. Mais, pour Havely *« semblables par leur profession, les deux races, celle des Nietzsche et celle des Oehri, étaient très différemment caractérisées : celle des Nietzsche, tout intérieure et méditative – race d'intravertis, selon le mot en usage dans les écoles ; celle des Oehri, toute portée vers le dehors, curieuse, causante, active – race d'extravertis[102]. »*

Certains auteurs, comme Lou Andréas-Salomé, n'accordent aucune importance à la biographie de l'auteur et font l'impasse sur tous les éléments de la vie privée de Nietzsche, qu'elle s'est appliquée à réduire au maximum. Nous pensons le contraire. C'est pour cela que nous avons fait appel à Werner Ross. Pour cet auteur, Nietzsche apparaît comme le sauvage. En effet, ce biographe part de la perte de la raison chez Nietzsche. En 1889, il a cogné son clavier de piano avec fureur en faisant des sauts de danse grotesques[103]. En ce moment précis l'auteur considérait Nietzsche comme un satyre ou comme Dionysos lui-même. Cette folie qui se

---

[100] Selon ROSS (Werner). - *Der wilde Nietzsche oder die Rückkehr des Dionysos.* (Munich, Deutsche Verlags-Anstaldt, 1994), p. 1

[101] Selon HAVELY (Daniel).- *Nietzsche* (Paris, Bernard Grasset 1944), p. 37

[102] HAVELY(Daniel).- *Nietzsche*(Paris, Bernard Grasset 1944), p.37

[103] ROSS (Werner). - *Der wilde Nietzsche oder die Rückkehr des Dionysos.* (Munich, Deutsche Verlags-Anstaldt, 1994), p. 1

manifestait ici, était le résultat d'une longue maturation. La vie de Nietzsche était le résultat d'une insubordination constante, contre la vie familiale, l'école primaire, l'université et l'exercice de sa charge d'enseignant.

Nietzsche voulait obtenir de force la suppression de la morale, de l'éducation bourgeoise, du christianisme car lui-même s'était affranchi de tous ces fardeaux. Cette prise de position toute de refus total a grandi comme un pouvoir primaire et comme une musique de désir. Fort de cela, Nietzsche est devenu le philosophe a-systémique et atypique, le sauvage, l'auteur d'une pensée unique et stable qui se frayait un chemin dans le labyrinthe de la connaissance. La bestialité bouillonnait dans toute la vie de ce professeur civilisé. Elle pénétrait ses rêves et se réfugiait dans sa musique. Ainsi Nietzsche s'est débarrassé de ses vêtements, a frappé sauvagement les touches du clavier de son piano, a parcouru sa chambre en faisant des soubresauts sauvages et s'est métamorphosé en Dionysos ou en l'un de ses satyres. Il s'est défini lui-même comme le divin *« arlequin »* et ce jour fut le plus beau de sa vie. Mais l'enfant Nietzsche fut un enfant sage.

PREMIERE SECTION :

L'ENFANT SAGE

Effectivement le petit Friedrich Wilhelm Nietzsche est un enfant sage qui n'aurait pu être quelqu'un d'autre s'il l'avait voulu. Sa petite sœur Elisabeth Förster-Nietzsche, femme de relations et d'entreprise, était une Oehri. Moins âgée que Nietzsche de deux ans, elle grandit avec son frère dans une maison familiale, entourés de personnes, dont l'autorité ne faisait pas défaut : la maman, la grand-mère, les deux tantes et la servante Mine. Derrière, en arrière-plan, il y avait le papa qui se distinguait de ces femmes par sa grande taille. Selon le biographe Werner Ross, il était un rempart envers et contre tout, un bouclier d'homme pour ces cinq femmes. Celles-ci étaient, à n'en point douter, différentes par leur tempérament et leur façon de vivre.

La grand-mère avait de la classe, mais elle était malade. La tante Rosalie, d'une nervosité remarquable, côtoyait la tante Augustine, toujours prête à faire le ménage. La maman Françoise qui alternait, à la maison, jovialité et sévérité, avait à ses côtés, la servante Mine. Cette dernière nommée, comme toute personne ayant vécu longtemps comme servante, avait une faiblesse qui consistait à faire sentir son pouvoir. N'est-ce pas ce que Nietzsche écrivait dans son <u>*Ainsi Parlait Zarathoustra*</u> *« Et même dans la volonté de celui qui obéit, j'ai trouvé la volonté d'être maître. »*[104] Toutes ces femmes avaient un dénominateur commun : elles étaient d'éducation bourgeoise.

Aussi loin que portaient ses souvenirs, Elisabeth, la sœur de Nietzsche, se rappelait certaines choses enfouies dans sa mémoire, comme nous le note Werner Ross *: « A l'image de*

---

[104] NIETZSCHE (Friedrich).- *Ainsi Parlait Zarathoustra* II. De la victoire sur soi-même in *Œuvres Complètes* II, (Paris, Laffont 1993), p. 372.

nos distingués grands-parents, les Oehler, nous sommes nés, tous nés...soldats, c'est-à-dire exécutants. En général, nous obéissants au doigt et à l'œil, sans un mot[105]. *»* Mais avec le petit Fritz (diminutif de Fréderic) c'était tout le contraire. En effet, comme le témoigne l'aide mémoire de la famille : *« Le pasteur Nietzsche avait réussi à dompter le petit Fritz qui se rebellait déjà, au cours des premières années de sa vie. Débordant d'énergie déjà à l'époque, cette tête de fer prenait l'habitude de se jeter à terre, et de rouler sur le dos, chaque fois que quelque chose n'allait pas chez lui. Cette remarque devait revenir souvent, si bien que le rédacteur n'eut plus à la souligner de nouveau*[106]. *»* Ce petit insurgé eut encore à se révolter plus d'une fois au cours de cette année, et finalement, il se retirait dans un endroit tranquille pour savourer une quiétude toute intérieure. Disons un mot sur l'église et la maison paroissiale de Röcken.

Roecken[107] est présentement un riche village, bâti à neuf sur une terre enrichie par la plus savante culture. *« L'église et la vieille maison pastorale, selon Havely, gardées intactes, sont là pour témoigner de ce que fut, si près de nous par le voisinage des années, si loin de nous par la différence des mœurs, l'ancienne modestie des vies*[108]. *»* L'église était une forte grange, coiffée d'une charpente toiturée pour loger et abriter la cloche, tandis que la maison pastorale était une habitation paysanne, telle qu'on en voit dans les tableaux champêtres de Greuze.

La maison paroissiale de Röcken, à Leipzig, fut la première maison que les parents de Nietzsche eurent à

---

[105] ROSS (Werner). - *Der wilde Nietzsche oder die Rückkehr des Dionysos*. (Munich, Deutsche Verlags-Anstaldt, 1994), p. 13

[106] ROSS (Werner).- *Der wilde Nietzsche oder die Rückkehr des Dionysos*. (Munich, Deutsche Verlags-Anstaldt, 1994), p. 13

[107] Selon HAVELY(Daniel).- *Nietzsche*(Paris, Bernard Grasset 1944), p. 38

[108] HAVELY(Daniel).- *Nietzsche*(Paris, Bernard Grasset 1944), p. 38

habiter. Elle était le modèle-même de la maison de fonction. La famille devait donner l'air de famille modèle. A cette époque le petit Friedrich Wilhem Nietzsche reçut le sobriquet de *« petit pasteur ».*Dans la maison paroissiale vivaient, avec la mère de Nietzsche, les dix frères et sœurs de sa mère. La morale était au rendez-vous quotidien ; une morale enduite de discours pieux. Dans cette maison, on ne faisait pas semblant de respecter la morale mais on lui obéissait scrupuleusement. De plus, une petite sensation gracieuse et exagérée se mêlait à ce discours de sagesse. Et si on essayait de dire en quoi consistait le *« bien du ciel*[109] *»,* tante Augustine parlait de l'homme marié et non de *« l'amant*[110] *».* Dans tous les traquenards, la morale imposait sa vérité avec circonspection : alors on se taisait et on prenait acte. La *« vertu de Naumbourg*[111] » était l'exhibition de la bonne conduite, celle que Nietzsche incriminera plus tard en ces termes : *« Qu'importe ma vertu ! Elle ne m'a pas encore fait délirer. Que je suis fatigué de mon bien et de mon mal ! Tout cela est pauvreté, ordure et pitoyable contentement de soi-même*[112]*. »*

Sauf exception, à cause de l'humilité chrétienne, la pauvreté était le fondement de la morale austère de Naumbourg : l'argent manquait à l'extrême. Nietzsche s'insurgea contre ce bonheur-là : *« Qu'importe mon bonheur ! Il est pauvreté, ordure et pitoyable contentement*

---

109 ROSS (Werner). - *Der wilde Nietzsche oder die Rückkehr des Dionysos.* (Munich, Deutsche Verlags-Anstaldt, 1994), p. 14

110 ROSS (Werner). - *Der wilde Nietzsche oder die Rückkehr des Dionysos.* (Munich, Deutsche Verlags-Anstaldt, 1994), p. 14

111 ROSS (Werner). - *Der Wilde Nietzsche oder die Rückkehr des Dionysos.* (Munich, Deutsche Verlags-Anstaldt, 1994), p. 14

112 NIETZSCHE (Friedrich).- *Ainsi Parlait Zarathoustra* I. Prologue 3 in *Œuvres Complètes* II, (Paris, Laffont 1993), p. 292.

de soi-même. Mais mon bonheur devrait légitimer l'existence elle-même[113] *! ».*

Chez les Oehler à Poble où la mère avait été élevée, on avait le cœur sur la main, parce que la paroisse était d'économie rurale. Le pasteur Oehler mettait les paroissiens à contribution lorsqu'il se déplaçait dans une famille ou sur une terre. La paroisse de Röcken, en revanche, était très pauvre. Les paysans payaient en nature, c'est-à-dire en *« produits de la terre »* et cela permettait à la famille de se tirer d'affaire.

Après la mort prématurée de Karl-Ludwig, le père de Nietzsche, au mois d'Aout 1848, et de Joseph, le petit frère de Nietzsche en janvier 1850, la famille déménagea de la maison de Röcken, à celle de Naumbourg-sur-Saale. La mère de Fritz reçut 30 écus par an pour sa pension de veuve, auxquels on ajouta 8 écus pour les deux enfants. La résignation devint alors une fatalité. Fritz vécut comme un ermite, de façon austère toute sa vie durant et il en voulait à ce christianisme, cette religion *« (qui) regardait le corps avec dédain, et rien alors n'était plus haut que ce dédain : elle le voulait maigre, hideux, affamé ! C'est ainsi qu'elle pensait lui échapper, à lui et à la terre ! »*.[114]Nous comprenons mieux ce que signifie pour Nietzsche le mot pitié, lorsqu'il écrit : *« Qu'importe ma pitié ! La pitié n'est-elle pas la croix où* l'on cloue celui qui aime les hommes ? Mais ma pitié n'est pas une crucifixion[115]. »

A Naumbourg, Fritz qui n'était qu'âgé de 6 ans, lors du déménagement, fit parler de lui. Dans cette ville, les parents furent un peu plus fortunés. La grand-mère Gatte devint l'intendante générale de la maison. Elle remplaça l'homme-

---

[113] NIETZSCHE (Friedrich).- *Ainsi Parlait Zarathoustra* I. Prologue 3 in *Œuvres Complètes* II, (Paris, Laffont 1993), p. 292.

[114] NIETZSCHE (Friedrich).- *Ainsi Parlait Zarathoustra* I. Prologue 3 in *Œuvres Complètes* II, (Paris, Laffont 1993), p. 292.

[115] NIETZSCHE (Friedrich).- *Ainsi Parlait Zarathoustra* I. Prologue 3 in *Œuvres Complètes* II, (Paris, Laffont 1993), p. 292.

pasteur avec une telle aisance et une telle élégance que ses activités furent notifiées dans l'aide-mémoire de la famille. Le père en qui on avait placé beaucoup d'espoir, jusqu'à la chute du haut d'un perron, mourut d'une commotion cérébrale. Le choc contamina (hâta peut-être) la venue d'un mal terrible. Après une année d'égarement et de la langueur cérébrale et s'éteignit à 36 ans. La famille fut à présent en mesure de prendre en location une maison qu'elle pouvait payer.

Pour se conformer à son état, et selon l'expression consacrée, la grand-mère, veuve et intendante générale, se faisait appeler volontiers « femme-docteur ». Elle emménagea dans une chambre ensoleillée, tandis que la mère et les deux enfants étaient bannis dans les sombres chambres arrière. Cette maman n'était pas d'ailleurs une Nietzsche de souche ; elle portait ce nom par condescendance.

La famille baignait dans la religiosité pour ainsi dire. Le mari de la femme-docteur, le pasteur Nietzsche, avait abandonné l'enseignement théologique des Ecritures. La tante Rosalie prit ainsi la direction des affaires spirituelles de la maison car elle avait des connaissances en dogmatique chrétienne. Elle lisait même le journal *Le Vossische royal*. En matière de piété, la maman Nietzsche, la joyeuse Françoise était d'une sévérité exagérée. Ne disait-elle pas que *« (vis-à-vis des enfants), elle était responsable, pour ainsi dire du salut de leurs âmes*[116]. ». Elle se mortifiait jusqu'au bout, *« à ne jamais baisser la garde et à ne pas laisser corrompre ce cœur prédisposé à être bon*[117]. » C'est ce que faisait remarquer son cousin et biographe Adalbert Oehler. En l'occurrence selon Nietzsche, ce sacrifice sévère n'eut pas le résultat escompté. Son jugement d'ailleurs est sans appel :

---

116 ROSS (Werner). - *Der wilde Nietzsche oder die Rückkehr des Dionysos*. (Munich, Deutsche Verlags-Anstaldt, 1994), p. 15

117 ROSS (Werner). - *Der wilde Nietzsche oder die Rückkehr des Dionysos*. (Munich, Deutsche Verlags-Anstaldt, 1994), p. 15

« C'est avec tes poisons que tu t'es préparé ton baume ; tu as trait la vache Affliction -, maintenant tu bois le doux lait de ses mamelles. Et rien de mal ne naît plus de toi, si ce n'est le mal qui naît de la lutte de tes vertus[118]. » Ou encore, *« ce sont des contempteurs de la vie, des moribonds et des empoisonneurs eux-mêmes, de ceux dont la terre est fatiguée : qu'ils s'en aillent donc*[119] *! »* En revanche la sœur de Nietzsche, Elisabeth, sut pardonner, comme une petite sainte à ses bourreaux, en se faisant une bonne conscience, d'une façon imperturbable. C'est à elle que Nietzsche décoche cette flèche : *« Que m'importe vos hommes bons ! »*[120]

Après la confirmation de la mort du père, cette mort hâtive et précoce, ce ménage de femmes, fit ce qui semblait le plus sage : il prit sa retraite. Mais cette retraite fut studieuse et laborieuse, conformément à la profession des hommes de Dieu qui est de préparer à l'avance les prédications du dimanche. Quand il y avait du monde à l'office religieux, on demandait ces dames au clavier et les donnaient le meilleur d'elles-mêmes. La musique en vogue en ces temps-là, était la musique romantique. Ces dames improvisaient, en imaginant une kyrielle de sons, par un accompagnement approprié, tonitruant ou susurrant, d'une grande inspiration, le tout enlevé dans un air de rêverie qui montait au ciel. Pour le pasteur Nietzsche c'était évident que les nuances, les souvenirs des cantiques spirituels et des hymnes soient entremêlées dans une étude musicale.

---

[118] NIETZSCHE (Friedrich).- *Ainsi Parlait Zarathoustra* I. Les Discours de Zarathoustra, livre I, Des Joies et des passions in *Œuvres Complètes* II, (Paris, Laffont 1993), p. 310.

[119] NIETZSCHE (Friedrich).- *Ainsi Parlait Zarathoustra* I. Prologue 3 in *Œuvres Complètes* II, (Paris, Laffont 1993), p. 292.

[120] NIETZSCHE (Friedrich).- *Ainsi Parlait Zarathoustra* I. Les Discours de Zarathoustra, livre I, Du pâle criminel in *Œuvres Complètes* II, (Paris, Laffont 1993), p. 312.

Cependant le petit Fritz comme le veut la légende, regimbait, lorsque son père jouait de la musique. A un an, de sa voiturette, il écoutait son père, de marbre, sans lever un regard sur lui. Plus tard, le pasteur Nietzsche permit à son fils d'étudier la musique, en chambre avec lui. L'enfant le regardait travailler, d'un regard détaché et pensif. C'est beaucoup plus tard que Nietzsche (Fritz) eut du goût pour *Faust*. Le critique de *la Revue et Gazette musicale de Paris* déclarait à la reprise de Faust (1862) : *« Faust, dans son ensemble, n'est point l'œuvre d'un mélodiste, écrit Roger Delage*[121]*. »* et il ajoute *« [Musique d'idées abstraites », renchérissait Blaise de Bury, assenant l'argument massue des sourds. Mais quoi ? Cette musique pouvait-elle dès l'abord être appréciée ? On ne voit que trop bien à distance ce qui, chez Gounod, a paru étrange : une mélodie si peu théâtrale – dans le sens où on l'entendait alors – dénuée de boursouflure, mais d'une simplicité perdue dont il retrouvait le secret, outre les beautés d'une harmonie symbolique qui soulignait le mot, créait le décor : autant de vertus qui paraissaient suspectes. Le doux Gounod, sans rien de spectaculaire, nageait candidement mais obstinément à contre-courant. Il croyait à la discrétion dans un temps où l'on aimait le clinquant et le tapageur*[122]*] »* Il étudia *Faust* et improvisa cette musique au piano, écrivit des notes sur du papier ou les joua sur le clavier, rêvant dans un grand élan de tendresse. Mais la bestialité était absente dans la passion du père, tandis qu'elle fut chez le fils, à l'origine d'un événement mondial et historique. Comme toute mort prématurée, celle du père de Nietzsche lui permit d'avoir de la noblesse dans le souvenir en étant l'homme bon de Röcken. Il disparu dans une auréole pâle, *« délicat,*

---

121 DELAGE (Roger).- "Gounod Charles" in *Encyclopædia Universalis* n°8, p. 714a, (France, S.A. 1984).

122 DELAGE (Roger).- "Gounod Charles" in *Encyclopædia Universalis* n°8, p. 714a, (France, S.A. 1984).

bienveillant et morbide, tel un être qui n'est destiné qu'à passer[123]*»,* ainsi que l'a décrit Nietzsche dans Ecce Homo, dans un style caractéristique, propre à lui. Ce style lui appartenait génétiquement et ajoutait à son élégance. Ce style lui donnait accès à ce *« monde supérieur et à quelque chose de plus suave*[124]*. »* c'est ce qui donne la raison du privilège que Nietzsche avait par rapport à son père. Et c'est ce qui a fait dire à Nietzsche qu'*« il y en a beaucoup qui meurent trop tard et quelques-uns qui meurent trop tôt. La doctrine qui : [Meurs à temps !] semble encore étrange*[125]*. »*

Le père de Nietzsche était un homme distingué à vrai dire. N'avait-il pas donné des enseignements dans une école d'un vieux château, à quatre princesses, à une reine de Hanovre, à une duchesse d'Oldenbourg devenue la troisième grande duchesse russe et seulement classée au quatrième rang dans un vieux château ? Nietzsche énumérait tout cela comme si ces titres de noblesse étaient une conséquence directe de l'enseignement libre de son père. En revanche en faisant des recherches sur l'épuisement de nerfs qui a achevé son père, Nietzsche découvrit qu'il manquait cruellement dans ses gènes la puissance en la vie. Il s'en est fallu que lui-même en manque, écrit-il à son ami Overbeck, dans une lettre datée du 4 juillet 1888. Voilà pourquoi il écrit plus tard : *«Il n'a assurément pas rencontré la vérité, celui qui parlait de la 'volonté de vie', cette volonté – n'existe pas – car : ce qui n'est pas ne peut pas vouloir ; mais comment ce qui est dans la vie pourrait-il désirer la vie. Ce n'est que là où il y a de la*

---

123 NIETZSCHE(Friedrich).- *Ecce Homo. Comment on devient ce qu'on est.* Pourquoi je suis si sage. 1, in *Œuvres Complètes* II, (Paris, Laffont 1993), p. 1117.

124 ROSS (Werner). - *Der wilde Nietzsche oder die Rückkehr des Dionysos*. (Munich, Deutsche Verlags-Anstaldt, 1994), p. 16

125 NIETZSCHE (Friedrich).- *Ainsi Parlait Zarathoustra* I. Les Discours de Zarathoustra, livre I, De la mort volontaire in *Œuvres Complètes* II, (Paris, Laffont 1993), p. 312.

vie qu'il y a de la volonté : pourtant ce n'est pas la volonté de vie, mais – ce que j'enseigne – la volonté de puissance[126] *»*

Finalement la mort du père de Nietzsche contribua aussi à rendre le jeune Fritz moins diablotin et moins galopin que tous les enfants normaux, de son âge. Il devint précoce : à juger, ces trente longues pages de ses années de jeunesse (1844-1858) qu'il mit par écrit, à l'âge de 14 ans, au cours de ses congés d'été en 1859. Ses condisciples, comme il le racontait longuement, le taquinaient pour son sérieux, tandis que lui, se sentait mieux dans la solitude, où écrivait-il *« j'étais capable moi-même de m'y abandonner sans être déranger. »*

Ce fut la même vie que vécut Elisabeth, sa sœur. Comme la grand-mère Oehler était, pour une fois pleine d'affection envers Fritz et sa sœur, elle confiait à l'une de ses filles : *« Vous n'étiez jamais aussi sages, (à votre époque), que Fritz et Elisabeth. »* Elisabeth est restée sa vie durant une personne *« sage »*, résignée, vertueuse, attachée à Naumbourg. Elle fut un cas typique de vertu, une personne déformée. Quoi qu'il en soit, Nietzsche écrivait à son sujet, *« (qu') elle est devenue effectivement une personne véritablement malfaisante. Elle m'écriait en janvier une lettre pleine de rancune, me reprochant ma nature »* Cette lettre m'a ouvert l'esprit sur ce qu'elle comptait faire : elle doit partir au Paraguay.

Elle partit effectivement pour ce pays, mais elle en revint. Elle survécut à son frère, un peu plus en âge, comme une digne descendante des Oehler. La Volonté de Puissance de son frère qu'elle édita, fut, selon son tempérament à elle, le plus grand guide de tous les temps. Son édition fut un grand moment historique.

---

[126] NIETZSCHE (Friedrich).- *Ainsi Parlait Zarathoustra* I. Les Discours de Zarathoustra, livre II, De la victoire sur soi-même in *Œuvres Complètes* II, (Paris, Laffont 1993), p. 372.

Ce qui est certain, c'est qu'à travers la gentillesse et le savoir vivre à Naumbourg, qu'à travers le milieu du '*comme il faut'*, la parole de Dieu régnait, impitoyable et dérangeait la quiétude de ce petit garçon. La conséquence de cela, c'est que cette forme de violence a décuplé son imagination, et a permis de mettre en mouvement ces petites méchancetés, et finalement une bouleversante nouvelle philosophie est née.
Il semble que ce ne soit une boutade de dire qu'Elisabeth n'ait pas appréhendé cette philosophie à sa juste valeur, et n'ait pas apprécié son rapide développement. Mais pour Nietzsche, cette philosophie était déjà, *« comme il faut »,* déjà au cours des années 1820, l'ennemi mortel du christianisme.

DEUXIEME SECTION :

LE PETIT GARÇON INCENDIAIRE ET IMPULSIF

L'enfant était sage ; le petit garçon vaillant. Il le resta jusqu'après la période pubertaire. C'était le type de personne bien connue : le rat de bibliothèque qui se retirait dans sa chambrette, et qui de sa chambre, allait au sport en empruntant le même chemin. Toujours à l'écart des autres, il ne fréquentait que des amis choisis, de tempérament calme et bibliophiles.

Quelle transformation s'est produite en notre Fritz, en effet, de la maison familiale à l'internat ! Passer brusquement de l'emprise de femmes pleines de vertu, à celle de maîtres très rigoureux de Pforta ! Mais Nietzsche était plein de bonnes résolutions jusqu'à la fermeture de cette école. Il en faisait l'éloge et pensait même qu'elle était nécessairement bonne. Jadis Pforta était un monastère cistercien et tirait son nom de ce monastère. En effet, le monastère était la porte pour aller au ciel. Ensuite il devint l'école de Pforta, et sa discipline tendait vers un ascétisme qui ressemblait, comme un cheveu, à de la militarisation. A quatre heures du matin, on était réveillé ; à cinq heures, on était debout. Dix minutes étaient prévues pour la douche matinale. A six heures et demie, il y avait un office divin, avec une révision plus complète des préceptes divins. Ensuite les heures d'enseignement prenaient le relais des heures de répétition. L'enseignement durait jusqu'au soir, et le couvre-feu intervenait à neuf heures. Un adage de l'école disait : *« Dormir sept heures de sommeil convenait aux jeunes de six ans*[127]. » Pour sept heures de sommeil, jeunes et vieux s'accordaient. Le repas de midi était composé infailliblement de viande de bœuf et de légumes. Le dimanche il y avait au menu, de la friture, de la soupe et de la tartine beurrée. Celui qui n'arrivait pas à s'adapter, devait quitter l'école.

Nietzsche s'est adapté toute sa vie durant, partout, pas seulement à l'école de Pforta. Dans sa vie il n'y avait jamais eu de choc, de violence et d'explosion. Il arrivait toujours à se contenir, et sa colère et sa révolte. Mais il avait de la rage à l'intérieur de lui-même. Il ne protestait jamais même quand il enseignait comme professeur et enseignant de gymnastique dans une petite université, avec un nombre restreint d'étudiants et avec un salaire modeste. Après cela il prit une retraite anticipée et libre de toutes ses obligations, il donna des cours privés.

A Pforta la classe protesta une fois en trépignant. En retrouvant ses élèves Nietzsche demanda au rustre instigateur de se désigner en toute liberté. Devenu un ancien élève, un « inspecteur » comme on les appelait à Pforta, il fit une remarque plaisante sur les lumignons à huile de la maison. Aussitôt, il perdit sa place de major et fut rétrogradé au troisième rang de la hiérarchie de l'école. A une autre occasion et c'était déjà à la fin de ses turpitudes scolaires, il but quatre « chopes » de bière d'un coup, et sombra dans un pseudo-coma tel qu'on fut surpris pour un si vaillant garçon.

Tout le monde s'accordait à croire qu'il deviendrait pasteur comme son ancêtre. Le seul monde qu'il connaissait était ce monde religieux et travesti. Lui-même pendant ses congés de courte durée se cantonnait à la paroisse. Ses rédactions et sa versification étaient empreintes d'une telle dévotion ! Cela se voyait dans les vers qu'il rédigeait à l'époque : *« Lorsqu'alors les cloches tintaient à toute volée/*

---

[127] ROSS (Werner).- *Der wilde Nietzsche oder die Rückkehr des Dionysos* (Munich, Deutsche, Verlags-Anstalt, 1994), p. 19

Il me vint cette pensée/Que tous encore, nous ondulons/ vers l'Olympe bienheureux et ses exhalaisons[128]*. / »*

A l'école de Pforta, la virilité était magnifiée ; les petits garçons s'entraînaient à la natation. Nietzsche était un poltron, mais ce qu'il redoutait le plus était la honte. En bon suiveur, il s'inscrivit à la natation. Il ne faisait pas plus que ce qui était requis. Ainsi achevait-il ce cours, comme quand il achevait son confiteor. Déjà en ce moment-là, il était assailli par de très profonds rapports avec la religion. Ainsi le voyons-nous sur une photo d'enfance, au moment où il passait le baccalauréat. Nietzsche était habillé comme un prêtre et avait la fixité dans le regard. Sa sœur Elisabeth se tenait à ses côtés. Elle aussi était bien habillée et avait une chevelure longue, soignée et traînante. Nietzsche, à cette époque, aurait-il pris le même chemin que son grand père que cela n'aurait dérangé personne et qu'il aurait réconcilié le trône et l'autel !

Toujours, est-il que l'époque de la photo du baccalauréat qu'on pouvait dater autour de 1864, de ces deux petits bonhommes sous la soutanelle, ne rappelait-elle celle de Napoléon ? Nietzsche évoquant Napoléon et sa bravoure ! Mais il y avait un autre trait dans son caractère, une autre obstination qu'on pouvait décelée en lui, et qui sera connue par la suite. Par exemple, n'est-ce pas de la bravoure que de détecter chez ce petit garçon, un entêtement à vouloir écrire toujours avec une orthographe penchée ? Pourquoi pour le mot diable en allemand (*Teufel*), un *pf*, là où un *f* devait convenir. Ainsi, par exemple, (*Propfet*, *Josepf*, *Nympfen*) et de même avec deux *pf* pour (*pfilosopfisch*), ou (*Hecktor*), à la place d' (Hector.) Comment latinisait-on en ce temps-là ?

Naturellement aussi, il y avait de l'influence saxonne. Dans le dialecte, au datif, on ne voulait pas de (*m* partout).

---

[128] ROSS (Werner).- *Der wilde Nietzsche oder die Rückkehr des Dionysos* (Munich, Deutsche, Verlags-Anstalt, 1994), p. 20

Mais pour les enseignants de l'époque, cet élève avait une nature exceptionnelle. C'était un succès pour eux et pour Nietzsche d'avoir une revanche sur les orthodoxies en vigueur, voire même une contestation du système établi. C'est de la même façon que Nietzsche va contester une marche que ses amis et lui avaient programmée en décembre 1858. En effet, les jeunes gens montaient vers le haut pays pour boire un coup – même si c'était seulement de la limonade -, mais Friedrich Nietzsche pensait autrement en disant : *« Comme ils sont inintelligents,/Pour qu'au bourg ils montent/ A la cave et au garçon de café de service, ils montrent/Les tonneaux pleins se vident/ Et le Dieu Bacchus qu'ils honorent/ Et le plus beau de tout/ Tout seul, ils abandonnent/ Ils désirent là-bas, dans le cabanon/ seulement boire jusqu'à la renverse, ils tombent/J'exerce ma souveraineté*[129]*/. »* Ce poème se termine sur ces vers. Il se termine sur la personne de Nietzsche d'une façon inopinée, mais il y a deux tableaux : ce poème et Nietzsche, la populace et le maître, la cave et le kiosque, le tonneau et le sceptre. Nietzsche était déjà couronné par son imagination, d'un sceptre. Tout ceci n'est pas seulement un songe creux et fictif.

Nietzsche va se constituer le roi d'une véritable monarchie, en miniature, composée de sujets appelés Gustave et Wilhem. Ce royaume s'appelle la « Germanie ». Pour y être membre, il fallait porter des noms germains et patriotiques. Les statuts prévoyaient que les membres soient proposés sur titre, le 25 du mois en cours, et ce, deux fois dans l'année ; ce qui n'était pas mal.

Mais en Septembre 1862, deux ans après sa création, l'association s'est dissoute. Nietzsche, son président, se plaignit du non respect des statuts de l'amicale. Il reprochait

---

[129] ROSS (Werner).- *Der wilde Nietzsche oder die Rückkehr des Dionysos* (Munich, Deutsche, Verlags-Anstalt, 1994), p. 21

aux membres leur apathie, leur incohérence et leur confusion. Gustav exerça la présidence seulement le 18, et Wilhem, le 16. Dans un communiqué, Fritz les destitua. Dix nouvelles résolutions furent ainsi prises et une amnistie intervint. Les fautifs furent sanctionnés à verser deux grammes et demi d'argent massif. Sur le procès verbal on pouvait lire : « F.W. Nietzsche, président du Synode VI ».

L'adolescent-président comparait le déclin de son royaume « Germanie » à celui du protestantisme et à celui de la France. Quelle imagination fertile ! Et cette « Germanie » était un nouveau commencement comme la Reforme protestante le fut pour le catholicisme. Les trois jeunes gens se croyaient investis d'une noble mission. Fritz aurait pu être un nouveau Luther. Et l'histoire de monde se déroulait à domicile. Mais son évolution fut entravée par cette lourdeur et cette maladie de ses collègues. Ce qui montrait que toutes les conditions pour faire la révolution n'étaient pas réunies. Une purge s'imposait. Mais ses amis se livraient à la débauche, buvaient les fûts de la cave jusqu'à la lie, au lieu de se tenir debout sur le pinacle pour scruter l'horizon dès l'aurore ?

La tour, le château fort sont des boucliers contre l'ennemi, des moyens aussi de se couper de la vie. Le petit président projetait pour sa « Germanie », une fête annuelle pour sa bande, dans le bourg. Les contributions devraient être lues en public, à l'avenir à partir de la tour. Cet excès de confiance déplaisait aux deux membres évidemment et, la Germanie mourut.

Le pasteur en herbe qui était appelé à grandir, laissait supposer qu'il était luthérien. Il était précoce par sa sagesse. L'église n'était-elle pas en ce temps-là aussi bien abâtardie que prostituée ? Mais Luther n'a-t-il pas été contraint de se raviser à cause des princes allemands ? Aussi appartenait-il à la haute noblesse, lors de la Réforme évidemment. C'est à cela que pense déjà cet enfant de dix ou onze ans, quand il rédige un nouveau fragment qui a pour titre « la seigneurie ».

Un jeune garçon de dix à onze ans est-il capable d'écrire un drame ? Des phrases sublimes saisies au vol, non pas en deux pages d'imprimerie, mais en un acte de six pages. Un méli-mélo de personnages : un roi, un héritier du trône, une duchesse, qui par inadvertance, sera prise pour « Madame la Comtesse » devant des soldats : « Ils traversent les rues pleines de foin brûlé, en battant le tambour. » L'acteur principal de ce drame, qui tenait le clairon de chêne était, d'après les renseignements fournis par sa sœur Elisabeth vraisemblablement le nom du ministre du culte avant la révolution de 1848. C'était un homme très religieux, qui sur ordre du roi Friedrich Wilhem IV, devait promouvoir le renouveau du protestantisme, à l'issue d'une nouvelle constitution synodale. Le papa pasteur avait dû placer son espoir en lui, si bien que son esprit s'empara de l'imagination fertile du petit garçon Nietzsche et s'y enfouit : corne de chêne, longtemps *se couvre de glace*, comme l'enfant *part en voyage*, écrit, revient comme mendiant. *Corne de chêne est de nouveau dans la joie*, le petit fragment s'arrête, *et de nouveau remuera dans la raison.*

Beaucoup d'enfants rêvent de pareilles histoires. Seulement Nietzsche transcrit ses rêves et ses écrits gagnent en puissance. D'autres personnes auraient terminé leur histoire par du comique, et en se faisant, auraient rallongé indéfiniment l'histoire. Mais « *tous les enfants me ramollissent* »...Vraiment tout ceci aurait été beau.

Nietzsche était toujours pris au sérieux. Ces enfants qui ne savent pas ce qu'est la vie, décident de tout dans leurs rêves. Ils s'imaginent le monde trop parfait et le sanctionnent sévèrement : *« Quiconque, d'un régiment, se transforme en ennemi, sera passé par les armes*[130]. » Cela est juste en temps de guerre. Voici ce que ce petit garçon fragile écrit à son

---

[130] ROSS (Werner).- *Der wilde Nietzsche oder die Rückkehr des Dionysos* (Munich, Deutsche, Verlags-Anstalt, 1994), p. 24

jeune âge, lui qui avait une prédilection pour la guerre. Quand Nietzsche eut neuf ans, il expliqua la guerre « Turquie/Russie » qui, dans l'histoire, fut considérée comme « crime de guerre ». A dix ans, il commença le siège de la Sewastopol. Tous les enfants du monde jouent à la guerre, mais jouent à celles qui ont lieu après. La fin de leurs jeux consiste toujours à s'arracher les cheveux, à se donner des coups de bâton, à savoir qui est le plus fort. Mais au lieu de tous ces jeux Nietzsche choisit d'écrire. Il griffonne des personnages de forteresse à partir d'une liste de quatre figures, établit un dictionnaire qui contient les mots comme « approche » (*außenwerke*) jusqu'au mot « ruines »(*Zerstörung*). Ensuite il a en projet une « chronique de guerre », a écrit un champ de guerre et a commencé un « ouvrage militaire ».

Dans ses écrits de jeunesse qu'il écrivit à quatorze ans, Nietzsche parle des jeux de guerre à ses amis, les entretient des soldats de plomb et de ses jeux de construction. Mais il ne persista pas dans l'amusement. Très vite le récit descriptif passait au rempart élevé, au bassin creusé, aux quantités de boules de poix, de soufre et de salpètre qui se formaient et « brûlaient » au pourrissoir, jeté aux ennemis. « Bientôt des flammes luisantes flambaient…et, c'était vraiment beau, lorsque…les boules ardentes sifflaient à travers les ténèbres ». En jouant Nietzsche est devenu un habile narrateur. Sa mère aurait-elle permis qu'il racontât des choses d'une telle importance !

Mais la bataille d'un soir, avec poix, soufre et salpètre, est une création de son imagination qui permet d'en savoir un peu plus sur le subconscient du brave petit garçon. Ce subconscient révélait que ce petit homme était un amoureux du feu et un champion de l'éclair. Ses premiers poèmes, lorsqu'il avait dix ans, raconte ce garçonnet de treize ans, contenaient une « atroce aventure de mer, avec orage et feu ». Tenez, par exemple ceci : « *Que vous voyiez là un brin d'orage/Qui, là-bas s'en allait dans le cottage/Dehors la fumée de l'habitation bouillonne/Dans la rue règne du brouillon*[131]. » .Ou encore celui-là : « *Une claire colonne de feu/Que vous montiez effectivement vite, en haut/Et seulement, poutres, planches, poteaux/S'élance le tas houilleux*[132]. »

Nous lisons quelque chose de très profond dans le compte-rendu qu'il fit à sa sœur, à l'âge de dix-sept ans, d'un événement. Avec sa mère, il était allé à un concert à la ville de Rammel. Sur le chemin de retour, ils furent surpris par un orage, que dis-je un ouragan. Ils eurent à patauger dans la « grande boue » et s'ennuyèrent en même temps, au point qu'ils purent dire à la fin : Dieu merci. « *Un nouveau temps nous surprit, et nous, main dans la main, nous étions enveloppés de lumière et de violents éclairs, convenablement et profondément mouillés.* »

Mais c'est la conclusion de cette histoire qui contient du danger, qui plonge le petit garçon dans une bonne humeur. Cependant, nous le comprenons parfaitement, car les forces de la nature étaient déchaînées et s'opposaient à notre jeune héros qui les affrontait et les provoquait, toute vantardise gardée. Mais la boue embêtante, les éclairs violents et grandioses, tenaient bon. Le temps était téméraire.

A cette même période du mois de juillet 1861, l'étudiant Nietzsche écrivit un article sur Ermanarich, le royaume oriental des Goths. Et il lui arriva de parler du vieux chant nordique de Nibelung qui « se tient debout comme les rocs, s'élevant au-dessus des cieux, absolument dans leur puissance titanesque ». « Comme un éclair » tombe chaque parole « puissante, lourde de signification ». Ainsi, à travers notre jeune homme, ce sont des drames élevés, composés qui « foudroient l'auditeur par leur force ». Celui-ci bat en

---

131 ROSS (Werner).- *Der wilde Nietzsche oder die Rückkehr des Dionysos* (Munich, Deutsche, Verlags-Anstalt, 1994), p. 25

132 ROSS (Werner).- *Der wilde Nietzsche oder die Rückkehr des Dionysos* (Munich, Deutsche, Verlags-Anstalt, 1994), p. 25

retraite et la paix intervient. Mais un pas est vite franchi avec *Le Crépuscule des idoles*, « où le soleil s'obscurcit, la terre happée par la mer, des tourbillons de sang tournant autour de l'arbre du monde tout nourri de sang, faisant fuir la flamme du ciel… » Oui, « telle est la plus grandiose invention que le génie de l'homme n'eût jamais imaginée. » Quel curieux enthousiasme que l'étudiant Nietzsche, dans ces années tourmentées et pleines de violence, offrait à la raison ! Les Nordiques montrent tout : « Le terrible, le sauvage et le mystérieux », tandis que les Allemands sont des civilisés et des humanistes. Il écrit « *Wilderhaben* »(Avoir de la sauvagerie) en un seul mot ; plus tard il reviendra encore avec un « *wildkühn* »(hardi, sauvage). Le jeune adolescent de dix-sept ans est fasciné par les Lumières et l'Humanisme, mais aussi par la sauvagerie. Il cite les *« belles et primitives pensées du Nord »* : *« En belle dispute, nous étions ; nous nous asseyons sur des cadavres/Et nous nous plaisions comme l'aigle, au-dessus des branchages… »* Le héros Erpe lui plaît, *« comme, il joue courageusement sur le dos du cheval. C'est un devoir difficile de lui rendre la tête tranchée… »* L'écrivain Nietzsche, en écrivant de tels articles, ne s'est pas croisé les mains. Wagner qui a donné une impulsion à sa vie, a travaillé pour lui le chant des Nibelungen, *« les dieux périssaient, la Walhalla se consumait »* Le jour entier était magnifique ; parce que la nature ne devait pas être nue, mais avoir un relief romantique et sauvage (*wildromantisch*), l'histoire lui donna de voluptueux frissons que la nature refusa. Nietzsche n'imagina pas le terme *« hardi et sauvage »,* mais il le savoura. C'est ainsi que le pessimisme de Schopenhauer le gagna lui aussi, comme une épidémie, comme si son œuvre la plus grande n'était pas parue en 1819, mais au commencement des années cinquante. Avant d'aller plus loin dans notre propos, il nous faut éclairer, et le chant des Nibelungen, et la Walhalla.

Le chant des Nibelungen est cette célèbre épopée allemande, écrite vers 1200 dans l'Allemagne du Sud, et dans laquelle sont mélangés les éléments mythiques, historiques et légendaires. Elle se compose de deux parties essentielles : la mort de Siegfried et la vengeance de Krimhilde. Siegfried, qui a tué le roi de Nibelungen et s'est emparé du trésor des Nibelungen, demande la main de Krimhilde, sœur de Gunther, roi des Burgundes. On lui répond que le mariage n'aura lieu que si Siegfried aide Gunther à conquérir la reine vierge Brunehilde. Siegfried triomphe et il épouse Krimhilde. Mais il doit seconder encore Gunther, dont Brunehilde refuse d'être la femme. A la faveur d'un chaperon magique, il se substitue à Gunther dans la chambre nuptiale, dompte la Walkyrie et lui enlève sa ceinture de soie et l'anneau d'or, qu'il donne à Krimhilde. Plus tard, cette dernière reproche à Brunehilde d'avoir appartenu à Siegfried, et Hagen, le fidèle vassal, pour venger Brunehilde outragée, tue traîtreusement Siegfried, épouse Attila et lance le roi des Huns sur les troupes de Gunther qu'il détruit, coupe la tête de Hagen avec l'épée de Siegfried ; puis elle-même est mise à mort par Hildebrand, vassal de Dietrich. Qu'en est-il de la Walhalla ?

La Walhalla est le panthéon germanique, le temple dédié aux grands hommes de l'Allemagne, à Donaustauf(Bavière), près de Ratisborne ; il fut construit sur les plans de L. de Klenze, décoré par les sculpteurs Rausch et Scwanthaler, le peintre Martin Wagner.

Nietzsche se rallia à l'ensemble de la philosophie de Schopenhauer vers sa vingt-et-unième année, et fit encore parler de lui. Cette fois-ci, il fut lui-même au devant de la scène, pendant un grand orage. Il écrivit : *« Hier un grand orage se dressa dans le ciel. Je fuyais vers la montagne voisine...et trouva, en haut d'une hutte, un homme qui tua deux chevreaux et ses petits. L'orage se déchargea avec beaucoup de puissance, tempête et grêle. Je ressentis un sentiment incomparable et je m'aperçus ensuite comment nous comprenons la nature véritablement, lorsque nous lui lancions des jurons, inquiets et embarrassés. Qu'était pour moi l'homme et sa volonté de mouvement ! Qu'étaient pour moi le « tu dois » et le « tu ne dois pas » éternels. Comment concilier l'éclair, la tempête, les pouvoirs libres, sans la morale ? Comment la volonté pure, sans trouble, est-elle heureuse et puissante, à travers l'intellect*[133] *? »*

Comme on le sait, la légende nous apprend que Beethoven a marché lourdement, en affrontant un orage. L'étudiant Nietzsche a lu *Le chant de tourmente des randonneurs* « Wanderers Sturmlied » et le *Prométhée* de Goethe. Ainsi il s'accordait lui aussi, à la tourmente et à la grêle, en montrant son intrépidité. Il regardait alors le sang répandu près de l'homme avec les deux chevreaux, témoigner par sa sagesse, de la nature sauvage et débridée. Et avec une sensibilité extrême, il racontait comment lui-même avait été dompté à Naumbourg, à l'école de Pforta, à l'éthique et à la raison. Sur cette scène tranquille, il y avait quelque chose de théâtrale. Car si la révolution n'eût pas lieu, le don des larmes était une réalité en revanche.

Quant à savoir si Beethoven avait couru rapidement sur la montagne Leusch, personne ne peut le savoir avec certitude. De pareilles ascensions où l'on est léger comme un oiseau, on en rêve, on en imagine. Avait-il décampé devant les boules de poix et de soufre de nouveau ? Vivait-il deux vies, l'une civilisée, à l'école et à l'université, et l'autre, sauvage ? En ces temps troublés où il s'enivre une fois et disparaît, où il consomme une colère parce qu'il parle de sa mère et de sa tante comme « le monde chéri », son imagination lui joue un tour à dix-sept ans. Ce tour aura des conséquences futures : il s'invente des ancêtres polonais.

Cette fantaisie de jeunesse réservée aux archives est rapportée, de façon cohérente dans une lettre à son condisciple Raymond Granier et signée par « F.W. de Nietzsche ». Mais Elisabeth confirme cela et excuse ce

---

[133] ROSS (Werner).- *Der wilde Nietzsche oder die Rückkehr des Dionysos* (Munich, Deutsche, Verlags-Anstalt, 1994), p. 27

caprice. Mais cette descendance polonaise de Nietzsche est devenue une tradition dans la famille, et a joué un rôle dans la vie d'un gentilhomme polonais qui montait encore à cheval au galop, à travers les campagnes.

La noblesse polonaise était frondeuse. Tout comte ou tout baron, en particulier, n'avait-il pas son droit de veto ? Ainsi Nietzsche, plus tard, laissa pousser une moustache sauvage et broussailleuse qui fut collée à sa personne toute sa vie comme ses attributs. Ce fut la seule photo qui nous est restée de lui, comme s'il se hissait au dessus de tous les professeurs porteurs de barbe et rasés de près, et arborait les pavillons de la résistance. Mais cette confession avait son origine dans le soulèvement du peuple en 1831, qui fut sauvage et héroïque. Cette révolte eut une influence sur lui, et sur sa réflexion. Elle se ressentait lorsqu'il composait des vers, écrivait des articles, des symphonies et des opéras. Ces opéras avaient pour figure centrale, le royaume des Goths, Ermanarich.

Or Ermanarich était, à la vérité, un vieil allemand, qui ne décela jamais dans les écrits du jeune poète et compositeur Nietzsche, le paysage hongrois, sauvage, dont il faisait un transfert. En toute innocence, il écrivit dans le fragment d'une symphonie qu'il appela Ermanarich ceci : « *…Ce ne sont pas des Goths et des Allemands que j'ai peints, ce sont – j'ai l'audace de l'affirmer – des Hongrois ; la trame du récit se passe dans le monde germanique, dans les Puszta, portée par les âmes hongroises, ardentes.* »

La Puszta était un nom hongrois signifiant désert, donné à la grande plaine hongroise, steppe uniforme et sableuse, région d'élevage ou consacrée aux cultures. Elle s'étendait entre les derniers gradins des montagnes transylvaines à l'Est, les Karpates du Nord et le cours du Danube à l'Ouest. Quand Nietzsche parlait de la Puszta, faisait-il forcément allusion à la Hongrie ?

Nous ne le croyons pas, car Nietzsche était indécis sur l'appellation de son fragment musical qu'il avait baptisé « Serbie ». Il y avait déjà la « Hongrie » de Liszt et Nietzsche voulait cerner le monde sentimental du peuple slave avec sa composition. Mais pour quelle raison ? Cette raison a été faite dans une remarque sensible dans la retouche de la première version : *« J'ai ajouté des moments qui manquaient, surtout la fin est assez nouvelle, et son impétuosité était ce qui existait dans la première version. Elle était une vraie surenchère*[134]*. »*

La violence se trouvait là. Les âmes passionnées de Puszta n'étaient pas encore domptées et civilisées comme les Allemands rééduqués, et qui se faisaient appeler germaniques. Cette puissance était déjà dans la forme que le compositeur attribuait à Ermanarich. Il en magnifiait la mode et la gradation, propres et audacieuses, l'harmonie étrange, *« qui sont très revêches et douloureuses, me déplaisaient à l'origine complètement »* L'insistance, le fait d'aller à toute vitesse (Das Drägen und Jagen der Leidenschaften) et l'auteur lui-même, tout ceci est débordant des monstruosités harmoniques : *« L'horreur est le saut du ton dur aux quatre croches de fa, la bémol, do bémol, ré avec fa, dans le bas trémolo » « Effrayante »* mais aussi explicite, se tient la fracture de la pièce devant lui. Effrayante, par sa bestialité et sa verdeur qui attend le dénouement et la libération.

C'est une curieuse forme d'autocritique. Les mots *« revêche », « douloureux », « monstrueux », « étrange »* et *« effrayant »* contiennent un encouragement à enfreindre la règle, à respecter le classique et le canon qu'il avait plaidé à quatorze ans contre une soi-disant musique d'avenir d'un Liszt ou d'un Berlioz. Ces derniers, écrivait-il en ce temps-là, avaient créé en cette période des sonatines artificielles et caractéristiques, qui charmaient peut-être la Maestria, mais laissaient indifférent le dilettante à *« l'oreille en bonne santé »*

---

[134] ROSS (Werner).- *Der wilde Nietzsche oder die Rückkehr des Dionysos* (Munich, Deutsche, Verlags-Anstalt, 1994), p. 29

A présent Nietzsche fréquente les Modernes, les Sauvages, lit Byron, s'exerce au pessimisme, et étudie le matérialisme et s'amourache pour une figure démodée et nouvelle, hongroise, une figure plus vieille qu'Ermanarich, qui vivait dans le Swanhild, une figure aussi jeune qui tua son propre fils en tant que rival, et porta Swanhild à la mort, pendant qu'il le laissa fouler aux pieds par ses chevaux. En vérité, tout ceci était bestial !

Le raisonnement nietzschéen coulait d'une source, d'un ravissement souterrain, d'une effusion de sang et de chaleur ardente, de feu, d'orage et de tonnerre, de flammes et de tourbillon, de mer, de brouillard et d'une armée de nuages. C'est aussi l'illustration du poème Ermanarich que Nietzsche composa au mois de janvier de l'année 1862.

Le décor aurait pu s'appeler *« paysage sauvage des Alpes »*, ruisseau et sapins : *« Nuages ensanglantés au-dessus, sang terne/ rayonne de nouveau sur la rapide ondine/ aux alentours de l'étouffante et accablante vapeur chaude de la mort*[135]. » Bientôt les oiseaux habitués au malheur sont aussi à leur place, corbeaux *« rouge fondu »*. A eux aussi le poète parle : *« O vous, faites savoir aux mondes flamboyants/ Le crépuscule des idoles magnifiquement étouffant/ Pour que vos croassements dans le profond puits/ A la cime de la forêt, vous effrayez-vous à minuit ?/ »*

A présent suivez ce que Nietzsche prévoyait pour cette musique effrayante, ce grand tableau de tempête, d'éclair et de tonnerre, des motets en crescendo, triolets à chaque fortissimo. C'est ainsi qu'il peignait la figure de ces héros en particulier du royaume Ermanarich. De même que Uhland, Leine ou Lenau qu'il a déjà créés !

« Les nuages s'amassent ensemble. / Le noir se mêle aux ternes incandescences/ Et comme la mer brumeuse se vide/

---

135 ROSS (Werner).- *Der wilde Nietzsche oder die Rückkehr des Dionysos* (Munich, Deutsche, Verlags-Anstalt, 1994), p. 30

Ecume en montant, d'un rêve réveillé/ Là une tempête roule des vagues par des sonorités/. D'abord sans bruit, sourd, à grand-peine perceptible. / Ensuite plus proche, bruyant, roulant le tonnerre./ Il avertit le potentiel Auster./ Qui se déchaîne tout près et vocifère, courroucé./ Par l'éclair, éclaire son allée/ Et la flamme éblouissante rit./Et comme le sapin soudain aigri/ Du ciel des torrents arrivent à flots./ Sauvage tourbillon des eaux:/ Là retentit de la nuit, de la vallée de bois/ macabre, une puissante voix. / Au-dessus d'un écueil, montant escarpé./ Se tient menaçant, se penchant devant soi, enragé./ La main tendue vers le haut, avec imprécation ;/ les sauvages penchants, les cheveux blancs comme des flocons – les cheveux, qui portaient une couronne ! – là se trouve un vieux du trône : aux yeux sombres dans un rôle de tyran/ Il flambe dans l'éclair./ Ecoute ! Dans l'élément grandissant/ Résonne vrombissant à présent, son mot de tonnerre[136]. »

Tout ceci est-il le fruit d'une imagination d'un jeune homme à la puberté ou de la précocité d'un esprit sachant faire des vers dans le goût du temps ? Liszt avec sa *« bataille des Huns » et sa « rhapsodie hongroise »*, Lenau avec ses *« trois gitans »* mugissant dans la tempête au-dessus de sa tour, et Wagner, renchérissant avec le Crépuscule des idoles entier, triomphant, dans une vision d'un monde en feu ?

Celui qui est un assidu lecteur de Nietzsche sait que la barbarie de ses rêves de jeunesse est restée une constance dans sa vie et on l'a retrouvée aussi dans sa vieillesse. Ainsi se révèle Nietzsche dans sa dernière et grande période littéraire. Doit-on lire alors le premier passage de l'*Antéchrist* qui clôture le Nietzsche du 30 Septembre 1888, comme le déclenchement de sa folie ? Là-dessus, les circonstances montreront que Nietzsche et les siens (les Hyperboréens)

---

136 ROSS (Werner).- *Der wilde Nietzsche oder die Rückkehr des Dionysos* (Munich, Deutsche, Verlags-Anstalt, 1994), pp. 30-31

étaient en avance sur leur époque : *« Notre vie, notre bonheur...Nous avons découvert le bonheur, nous en savons le chemin, nous avons trouvé l'issue à travers des milliers d'années de labyrinthe...Nous avons été assez courageux. Nous devenions sombres et on nous appelait fatalistes. Notre fatalité – c'était la plénitude, la tension, l'accumulation des forces. Nous avions soif d'éclair et d'actions,...Notre atmosphère était chargée d'orage, la nature que nous sommes s'obscurcissait – car nous n'avions pas de chemin*[137]*. » « Eclair et actions »* sont nommés dans ce passage. L'éclair détruit et purifie. Détruire le christianisme, c'est-à-dire tout ce qu'il a supporté avant tout, avec tant de répugnance, ce dont il se faisait violence et dont il s'est débarrassé, telle est la mission de Nietzsche. Ses actions sont la création, la transvaluation de toutes les valeurs. L'*Antéchrist* était dans le plan de Nietzsche le premier de ses quatre grands ouvrages. Le deuxième et le troisième devaient régler les comptes à la morale et à la philosophie présentes. Le quatrième ouvrage apporterait après l'orage, la philosophie nouvelle. Cette philosophie était la philosophie de la béatitude terrestre, de la béatitude de la vie ; et ce quatrième ouvrage devait s'appeler Dionysos.

---

[137] NIETZSCHE (Friedrich).- *L'Antéchrist. Imprécation contre le christianisme* I in *Œuvres Complètes* II, (Paris, Laffont 1993), p. 1041.

TROISIEME SECTION :

LE JEUNE HOMME JOUANT AVEC LE MONDE

L'intrépidité de l'étudiant F.W. Nietzsche à l'école de Pforta ne fut pas une façade, mais une habitude voire une seconde nature. Elle l'a transformé de fond en comble et cela en dépit des innombrables exhortations, conseils, injonctions et interdits de sa mère. Ce courage l'a formé, et cela se voit par les nombreuses et utiles notes qu'il a prises, en dehors des temps de contemplations agréables pour Dieu, des cantiques et des motets. Ce sang-froid l'a rendu délicat au toucher, pieux et disponible.

Quand il eut atteint l'âge de dix-sept ans, cette seconde nature en lui ne disparut pas. Mais elle fut sérieusement mise à dure épreuve. Il fit l'expérience d'un doute si radical qui remit sa foi en question. Dans le même temps, Nietzsche fit la connaissance de nouveaux professeurs, livres et amis. Des allures mondaines se transmettent, même dans un internat réputé pour sa sévérité. Ce sont de petits vauriens savantasses qui les transmettent au petit pasteur. Ceux-ci l'impressionnent. L'un d'eux s'appelait Granier, qui doit quitter à nouveau l'école. Il sera son correspondant. Nietzsche lui expédie son pli. Granier le conservera comme quelque chose de très précieux et de très grand prix. Un jour ce texte sera découvert comme un texte inconnu du jeune Nietzsche. Il s'agit d'une pièce scélérate, pleine d'imagination, et son auteur aurait pu être Franz Moor de Schiller. Le coquin qui le raconte s'appelle Euphorion. Goethe a caché Byron sous le nom d'Euphorion dans la deuxième partie de Faust. Euphorion a une bien-aimée :

« Elle était jadis religieuse, menue et chétive – J'étais médecin et je faisais en sorte qu'elle grossisse. Son frère habitait avec elle dans un ménage terrestre qui était pour moi, gras et prospère, que j'ai rendu décharné – comme un cadavre. Le frère mourut en quelques jours – ce qui était agréable, - c'est que je l'ai disséqué[138] *»*

Ce qu'il y a également de méchant et de désagréable, d'impie, d'incestueux, de macabre, le jeune homme le met à nu, d'une façon originale, comme des atouts, à la face du monde. Le médecin, on le comprend, est un mécréant, un être cynique et aliéniste. Le ménage d'un frère et d'une sœur est de tout temps, *« un mariage morganique »,* un *« ménage bestial »* comme on le disait, de ce temps-là. Ce ménage, au regard des développements ultérieurs, est assez unique, si bien que Nietzsche, le professeur, avec son immoralisme et sa sagesse, essayera de contracter une telle union « terrestre » à durée limitée (deux ans), avec une jeune fille qu'il courtisait, nommée Lou-Andréas Salomé.

Remarquons que cette histoire platonique est restée « indécente » forcément. Les excès de Nietzsche sont une imagination en puissance, d'un tel sang-froid, plus qu'un exercice d'écriture. En revanche, d'une autre façon Nietzsche laissa à côté de ces nouvelles scabreuses, un chant pieux, extrait de cette mime, une poésie du repentir, comme s'il voulait, de cette façon, expier les péchés d' « Euphorion ». *« J'étais perdu/ Ivre de vertige/ Plongé/ En enfer et au tourment choisi/ J'éprouvais un frisson d'horreur/ devant le péché/ Appuyé de nuit/ et je ne suis pas capable de regarder en arrière*[139]*. »*

Il l'appelle *« chère image du sauveur des péchés ».* Alors, retour de la manivelle ? Les chantres de l'église

---

[138] ROSS (Werner).- *Der wilde Nietzsche oder die Rückkehr des Dionysos* (Munich, Deutsche, Verlags-Anstalt, 1994), p. 34

[139] ROSS (Werner).- *Der wilde Nietzsche oder die Rückkehr des Dionysos* (Munich, Deutsche, Verlags-Anstalt, 1994), p. 34

voient-ils un genre que les soins de Granier leur ont permis de croire à grande peine. Voici ce qu'il écrit à l'ami incroyant. Il lui laisse encore un poème considérable, dans lequel une petite rose bourgeonne et est embarrassé par un petit garçon. Nietzsche a traité ce morceau avec ostentation, comme sa propre aventure. Ce que le jeune compositeur a fait sentir ici également, tout voilé, et enveloppé dans une ballade, a un amour de rêve.

Un mois après cette lettre à Granier, il prévient sa mère et retourne à Naumbourg, *« pour mener là-bas une vie toute calme, sans musique et n'importe quelle agitation*[140]*. »*. Là-bas, il recherche l'enfance qui est perdue à jamais. Ensuite Nietzsche a écrit un véritable chef d'œuvre, lors des vacances de Pâques de 1862 sur le thème *« fatalité et histoire »*, en seize pages, in-quarto. Il avait entre dix-sept et dix-huit ans. Dans cet ouvrage, il rassemble, à sa façon, pour la première fois, en philosophe téméraire et mal assuré, deux millénaires de tradition et une *« grande meute d'hommes d'esprit ». Il appelle cela témérité et ose s'agiter fébrilement avec fierté. De nouveau, il tressaille parce qu' « un événement douloureux, une expérience affligeante »* ont reconduit son cœur à sa croyance d'enfant. Il fait l'expérience de ce qu'est la religion, une consolation et un soutien dans les moments sombres.

Ce jeune blanc-bec et garçon poète choisit cette option et cette perspective historique qui est scandaleuse à plus d'un titre : David contre Goliath ou deux mille ans de christianisme. Son incroyance se propageait et se fondait sur les sciences de la nature, elles aussi en plein essor, mais s'arrêtait devant la vieille et vénérable porte du christianisme. En 1859 et déjà en 1860, Darwin était apparu comme la *« nouvelle créature »* qui ne laissait aucune place aux

---

[140] ROSS (Werner).- *Der wilde Nietzsche oder die Rückkehr des Dionysos* (Munich, Deutsche, Verlags-Anstalt, 1994), p. 35

explications surnaturelles. Tout cela était connu du jeune Nietzsche et ce dernier nommait les sciences de la nature et de l'histoire comme les fondements sûrs pour la spéculation. Cette spéculation est une tour, mais dans la rédaction, la science n'est plus un discours et à ce titre, elle domine entièrement l'histoire.

A ce propos Nietzsche écrit : *« De quoi est capable l'homme contre l'histoire, que peut la volonté libre contre le destin ? Ceci est la question fondamentale qui aurait pu être comprise : ce dont je suis capable, je ne suis pas encore un adulte. Je suis un étudiant dans un monastère abandonné et ancien, opposé à une institution, la plus âgée, plus vieille que l'Etat et plus puissante. Le temps a-t-il apposé son empreinte*[141] *? »* Ici apparaît une faiblesse dans l'argumentation de cet adversaire du christianisme ; il enseigne la capitulation dans le destin. Ce que Dieu a fait est bien fait. Après les principes chrétiens – il ajoute, par mesure de prudence *: « après être compris de travers... »* - hommes et femmes se font mener d'une façon si avilie par les circonstances. Il met « femmes » à la première place et pense, selon toute apparence à ses tantes, femmes au foyer de Naumbourg. Et au combattant futur du christianisme, cette religion d'esclaves, selon ses termes, de poursuivre : « Somme toute, parfois, « la soumission à la volonté de Dieu » et l' «humilité » sont opposées. Rien d'autre que se couvrir par cette lâche timidité, mais aussi avec le destin, il faut être ferme.

Une action d'homme qui sonne de la trompette ? Nullement. La liberté de la volonté, ainsi l'interprétons-nous, n'est rien d'autre que la liberté de la pensée. *« C'est quelque chose à placer dans le travail de la volonté*[142]*. »* Pour cela la

---

141 ROSS (Werner).- *Der wilde Nietzsche oder die Rückkehr des Dionysos* (Munich, Deutsche, Verlags-Anstalt, 1994), p. 35

142 ROSS (Werner).- *Der wilde Nietzsche oder die Rückkehr des Dionysos* (Munich, Deutsche, Verlags-Anstalt, 1994), p. 36

puissance nous est mesurée par le destin. Nietzsche ne le sent jamais lui-même comme une moindre tentation, en acteur déclaré dans l'histoire qui doute précisément, dans cet article, qu'au su et au vu de la versatilité de l'homme, celui-ci a réussi à réaliser des idées comme le communisme ou le socialisme. Mais l'histoire des idées suit son cours, complètement à l'improviste : *« Mis aussitôt qu'il était possible, au moyen d'une forte volonté, nous avions donné un coup de pied pour renverser le monde passé totalement. Nous avions terrassé une rangée de dieux non inscrits. Ainsi va-t-il de l'histoire du monde qui n'appelle jamais un être caché en lui-même, ne serait-ce qu'un rêve : le lever de rideau – imaginé : qui tombe de la pièce de théâtre de l'histoire du monde, est celui-ci : l'homme se retrouve comme un enfant jouant avec le monde, comme un enfant qui s'éveille au chaud matin et fait la guerre de front, en riant de ses rêves effroyables*[143]*. »*

Aucune question sur les écrits précoces n'est plus programmée que celle-ci. Aucune action. Dans le choix de sa vocation Nietzsche s'accommode de la seconde, car la première était celle que la famille avait souhaitée,
la théologie. Il choisit comme spécialité ce qui à l'école de Pforta était la matière principale et le pain quotidien : la philologie classique. Il rendit grâce à son talent et à ses bonnes relations de professeur précoce d'une université qu'il ne quitta jusqu'à sa mort. Il ne prit pas femme, n'eut pas de bien-aimée ni d'enfants. Il ne chercha pas d'éditeurs pour ses travaux, mais choisit la première et bonne, et comme telle, la plus mauvaise se mit en vedette.

Mais un temps entier et fort passa – c'est-à-dire deux mille ans de christianisme, terrassé par la forte volonté. Cette révolution qui est arrivée, c'est ce que nous nommons

---

143 ROSS (Werner).- *Der wilde Nietzsche oder die Rückkehr des Dionysos* (Munich, Deutsche, Verlags-Anstalt, 1994), p. 37

l'histoire du monde, et que nous comprenons comme une force active. Elle fut un long rêve contenant un être caché en soi-même. Nous sommes devenus, en fin de compte, par la puissance bienveillante du destin, des êtres libérés d'un passé oppresseur. Et nous sommes capables comme des enfants qui jouent aux jeux de construction, de mettre debout les blocs et de les démolir, en jouant avec le monde et les mondes. Au crépuscule des idoles, la fin du christianisme sera suivie d'un matin ardent et d'une nouvelle époque.

En 1881, dix-neuf ans plus tard, Nietzsche choisit le titre Aurore pour son nouvel écrit, qui inaugurait *« la campagne contre la morale chrétienne »*. Ici aussi, il y a un principe supérieur et perfide qui s'affiche et témoigne de ce que Nietzsche lui-même, reconnut au passé effaçant, le processus d'altération à la place de l'action comme médium d'un tel monde allant à la renverse : *« Cet homme réfléchi s'en allait irrésistiblement à cet endroit pour briser le joug à n'importe quelle moralité et pour offrir une nouvelle loi. Il restait que si ces lois n'étaient pas vraiment insensées, jamais elles ne seraient démentielles ; auquel cas elles ne pourraient durer*[144] *...»*, *« Mais ce grand historien serait à la fois, un grand philosophe et un grand prophète »*. Il se signalait déjà par la rédaction de son destin à l'âge de dix-sept ans. A trente cinq ans, il en savait le prix : la folie. L'année où il deviendra fou, Nietzsche se célébrera lui-même durant la nuit, comme l'annonciateur de la nouvelle morale du siècle à venir.

Il tirera à boulets rouge sur l'histoire du monde, la partageant en deux moitiés (avant Nietzsche et après Nietzsche), ainsi l'écrivit-il, quelque temps avant sa folie. Aucune clôture, aucune poutre ne fut nécessaire. Il pensait. Il écrivait. Il rêvait. Et voici que le rideau tomba sur la vieille pièce qu'il qualifia d'histoire du monde, et une nouvelle

---

[144] ROSS (Werner).- *Der wilde Nietzsche oder die Rückkehr des Dionysos* (Munich, Deutsche, Verlags-Anstalt, 1994), p. 37

histoire commençait. Fini – encore une fois – ce complexe d'infériorité. Nietzsche, téméraire, insistait qu'il allait mettre le christianisme en faillite, réprimer les lumières du temps et extraire la peur et les nombreux pressentiments du jeune étudiant de Pforta : Nietzsche voulait détrôner le vieux dieu, pour mettre à la place un nouveau (ou de nouveaux dieux), fonder un nouvel éon et promulguer une nouvelle éthique. Il voulait être le prophète de ce dieu ; et dans sa folie, il s'identifiait à lui. Seulement comprenons cela comme un trait de sa vie. Un poème de jeunesse, non daté, fut trouvé sur une feuille in-quarto. Ce poème put calmer tout sage chrétien et mis de côté sa question de « destin et histoire ». En confrontant ces deux options Nietzsche prend une longueur d'avance sur la question, car il va transposer dans ce poème, les chansons des princes hors-la-loi, et finalement il philosophera avec Dionysos en chantant des dithyrambes. Si on le veut « destin et histoire » est malgré son caractère enfantin, sa première œuvre philosophique. <u>*Au dieu inconnu*</u> en est sa transcription poétique. En voici le texte :

« Encore une fois que je tire plus loin/ Et que mon regard envoie en avant/ je lève, esseulé les mains/ Vers toi, vers le haut, à qui, moi, m'en fuyant/ Que je sois dédié dans la profondeur, du plus profond du cœur aux vaisseaux/ Aux autels, solennellement/ Et en tout temps/ Sa voix me cannelle de nouveau/ Ensuite s'enflamme et écrit en relief/ Le mot : au dieu inconnu/ Etre, je le suis, comme dans la troupe sacrilège/ Mais jusqu'à l'heure je suis aimé/ Etre, je sens les nœuds coulants/ Qui me tirent vers le bas, dans le combat/ Et, je désire prendre la fuite,/ M'obliger cependant à son service/ je veux te connaître l'inconnu/ Toi le Ravisseur profond de mon âme/ Ma vie comme une tempête le Rôdeur/

Toi l'incompréhensible, c'est un parent à moi ! Je veux te connaître, te servir moi-même[145]*/.* »

Le modèle classique du « dieu inconnu » se trouve au chapitre 17 du livre des Actes des Apôtres[146]. Paul vient à Athènes, discute avec les philosophes grecs et parle devant la plus haute cour qui est l'aréopage. Il sort à peine de la ville qu'il découvre un autel avec une inscription « au dieu inconnu ». *« Maintenant, poursuit-il, ce que vous ne connaissez pas et cependant vénérez, je vous l'annonce. »* C'est le dieu chrétien. Quand Paul nomme le dieu chrétien et l'appelle le dieu inconnu, il fait une substitution d'un dieu athénien qui n'a pas encore de nom, par le dieu chrétien, car le dieu qu'il sent profondément dans les entrailles et qui n'a pas encore de nom, est son dieu. Cela il le sait.

Nous sommes capables de lire ces fameux versets, il est aussi vrai, dans une autre ambiance, toute aussi pieuse, comme une bonne pensée panthéiste et libre, d'après le *Faust* Goethe *(« Nous pouvons le nommer, nous confessons : je crois en lui... »*. Mais en cela nous sous-estimons la profondeur, la poigne et la constance de ce jeune homme, à l'égard de sa vieille religion à qui il a toujours voué un culte, planifiant sa vocation et faisant ses adieux à sa famille.

Le fait le plus proche qui nous vient à l'esprit est peut-être quand nous relisons une phrase de destin et histoire, mot à mot : *« La volonté libre se présente comme la volonté « sans entrave », fluctuante ; elle est la liberté infinie, la liberté vagabonde, l'esprit.»* A cause de cette proposition philosophique claire, durable et logique, le débat se clôture. L'important est que cette proposition marque un contre-pouvoir au destin dont la conception est renouvelée de fond en comble. Volonté et monde de l'esprit peuvent se marier en une unité supérieure. Ils sont comme deux adversaires qui se

---

[145] ROSS (Werner).- *Der wilde Nietzsche oder die Rückkehr des Dionysos* (Munich, Deutsche, Verlags-Anstalt, 1994), p. 38-39

[146] Ac 17,16-33

jaugent sans que personne ne prenne une ascendance sur l'autre. Ainsi l'homme qui était dans la religion antique à l'image de dieu, est devenu à présent l'incompréhensible. Il est présent l'homme libre qui pense et transforme comme esprit, le dieu innommable. Ici les pensées panthéistes désirent s'y glisser : *« (Des principes supérieurs...devant lesquels toutes les distinctions se réunissent dans une grande unicité...où tout afflue dans un océan monstrueux...se purifie, fusionne, tout en un »*, mais aussi un système élaboré longtemps, le panthéisme, rangé en philosophie, qui aboutira à une nouvelle pensée, sans opinion préconçue. Un jour, et inconcevable aura un nouveau nom : Dionysos.

Pour le moment cette nouvelle pensée a trompé les lecteurs peu habitués ou consacrés, alors qu'elle annonçait un esprit libre, le déchaînement de quelqu'un contre deux mille ans de christianisme, et la maturité, mais aussi la fin, la folie toute proche de Nietzsche. Dans *l'essai d'une autocritique* qu'il place comme préface de *la Naissance de la tragédie par delà l'esprit de la musique*, en 1886, Nietzsche dévoile au public qu'il a obéi à *« une étrange voix »,* le « *disciple d'un (dieu inconnu) »*, qui s'est voilé sous le capuchon d'un savant. Lui donnant une explication, il écrit plus longuement : *« Ici, un esprit étranger se tenait, avec ses besoins anonymes, une mémoire débordant de questions, d'expériences, de clandestinité et avait Dionysos pour réponse... ».* De ses interrogations, Dionysos était plus qu'une réponse, mais une expérience qui demandait qu'on s'y essaie. Ensuite, Nietzsche va risquer une autre proposition : *« Quelque chose comme une âme mystique et presqu'une âme de ménade qui, avec peines et arbitrairement, presqu'irrésolue en outre, qu'elle veuille se communiquer ou qu'elle veuille se cacher, pour ainsi dire dans une étrange langue bredouillée*[147]*. ».*

---

[147] ROSS (Werner).- *Der wilde Nietzsche oder die Rückkehr des Dionysos* (Munich, Deutsche, Verlags-Anstalt, 1994), p. 41

Ici se présente ce qu'il désire également goûter à cette nouvelle pensée, de façon « mystique », par un accès à l'âme du monde ou à l'esprit du monde. Là-bas, se tient une logique qui marquera le nouveau dionysisme, *« d'une âme de ménade », « presque »* circonspect et borné. Cette âme de ménade, c'est-à-dire, enragée, est bien celle de ce vagabond, de ce sédentaire qui abandonne les femmes qui suivent le cortège de Dionysos. Dionysos est ce sauvage, vêtu de peau, qui se nourrit de la chair crue de ses jeunes animaux prisonniers, les mains nues.

La pensée sauvage se présente ainsi ; elle associe, vagabonde, et se soustrait aux règles constructives de la connaissance et reçoit un accueil favorable chez Heidegger, Foucault et Derrida, des philosophes du vingtième siècle. Elle ouvre la voie à une pensée nouvelle que Heidegger appelle *« chemin forestier »*. Elle est la première tentative d'évasion de Nietzsche. Cette grande œuvre de son cru est assurée d'un succès mondial et historique. Beaucoup plus tard, Nietzsche ose se débarrasser de la décence des mœurs, non seulement par un « esprit plus libre », mais aussi en devenant un homme plus libre. Il marque d'un courage incroyable ce qui s'effondre en lui. Il devient un autre, pour être finalement le sauvage.

Ainsi, vers la fin de la carrière de Nietzsche, se lève le dieu inconnu, d'abord dans la complainte de l'enchanteur dans *Ainsi parlait Zarathoustra*, ensuite, encore plus puissante et plus retentissante dans les *Dithyrambes de Dionysos*, dans la complainte d'Ariane. L'enchanteur d'abord, Ariane, la bien-aimée de Dionysos ensuite persécutés, pourchassés, martyrisés, par une créature faite à l'image de dieu, *« l'innommable ! Le voilé ! L'effrayant ! »*. A la fin de la première strophe, ce dieu sera interpellé comme « toi, le dieu inconnu », seulement, à côté, se tient, légère, à parcourir des yeux, l'adresse de ce dieu anonyme :« Pensée. »

Comme dans le poème dithyrambique *Ariane*, le chasseur sans nom, le bourreau supplie, sans aucune lâcheté de sa part.

Cependant tous les tourments qu'il a causés sont revenus, et le chasseur lui adresse la parole : « Mon dieu inconnu, ma douleur ! Mon dernier bonheur ! » Et il ajoute plus haut : *« Et la dernière flamme de mon cœur s'embrase pour toi ! »* Il manifeste son amour à Dionysos dans une étincelle. Ce dieu fulgurant, clair comme la foudre, qui apparaît dans une *« beauté d'émeraude »*, s'est dit seulement en cinq vers. Le premier vers s'appelle *« Sois intelligente, Ariane ! »* Le dernier vers, celui qui en constitue la clef sera *« je suis ton labyrinthe… »*. Quand ce dieu labyrinthe, qui est *« pensée »* dans la complainte de l'enchanteur, s'hypostasie, en éclairant le monde plus que l'éclair, la démarche de la pensée, pas plus assurée, la mène au but, et par la vision du retour à la chose originelle, erre, l'âme enragée, de façon cyclique, se réalise dans le labyrinthe et se délivre dans la démence. Nietzsche s'hypostasie en Dionysos quand il appose sa signature sur son dernier message de salut.

C'est devenu une matière de recherche depuis Nietzsche que de se tenir comme Thésée, avec un fil devant ce texte plein de mystères du bourreau-chasseur, Dionysos, à la recherche d'Ariane. Il faut interpréter ce texte de l'intérieur. L'hypothèse de Werner Ross est très audacieuse en ce sens que *« tout se passe comme si Nietzsche avait connu le texte liturgique au fond, plein de légende, dans lequel l'évangéliste identifie le logos à dieu. Aussi, n'a-t-il pas remplacé le mot 'logos' par le mot 'pensée' ? Ensuite, il a ébauché un contre-évangile qui réduit en poussière l'architecture du logos et le remplace par la monstrueuse et inextricable plénitude de la vie labyrinthique*[148]*. »*

---

[148] ROSS (Werner).- *Der wilde Nietzsche oder die Rückkehr des Dionysos* (Munich, Deutsche, Verlags-Anstalt, 1994), p. 42

QUATRIEME SECTION :

LE JEUNE PROFESSEUR BALOIS

L'introduction de Dionysos-Bacchus a pour effet d'ouvrir dans le texte philosophique un certain type de discours sur la contradiction et la dialectique. Qu'est-ce que Dionysos lui-même, sinon un troisième texte (ou un ensemble de textes) dans lequel se trouve mis en scène le nom de Dionysos (ou ses noms) : texte mythique, recueilli dans l'archive, auquel Nietzsche avait accès, au moins par des sources intermédiaires. Et si son choix philosophique s'est porté sur la personne mythique de Dionysos-Bacchus, pour l'élever au rang de philosophème radical, il faut sans doute y voir tout autre chose qu'un hasard. Dionysos a influencé Nietzsche jusque dans sa vie et sa manière de vivre.

Nous pensons avoir suffisamment montré l'influence de Dionysos sur l'enfant, le jeune garçon, puis sur le jeune homme Nietzsche. Il y aurait beaucoup de choses à dire, mais nous avons été très sélectifs. Ce Dionysos sera encore de retour dans la vie du Nietzsche étudiant à Bonn, puis à Paris. Surtout, la présence de Dionysos sera très forte dans sa musique. Nietzsche pense fortement que le chant soit composé avec une rageuse énergie, dans un style supérieur d'avenir et avec un cri naturel et strident, voire moderne. Mais c'est surtout la découverte de Paris, cette ville Capharnaüm de l'époque, qui va beaucoup le transformer. En découvrant cette ville, avec son ami Erwin Rohde, Nietzsche écrivait qu'ils étaient sur la plus belle scène du monde, entre la coulisse la plus bigarrée et une intimité de figurants, comme dans un fleuve de vie. C'est la puissance divine de Cacan qui lui laisse l'impression la plus vive : un goût d'absinthe.

Cacan est cette danse excentrique qui fut mise à la mode vers 1840 par le fameux Chicard et reprise plus tard par le quadrille Clodoche et qui se perpétua au Moulin-Rouge avec

Grille-d'Egout, la Goue... Quant à l'absinthe, on emploie en médecine ses feuilles et ses fleurs qu'on récolte en juillet et en août, comme stomatique, fébrifuge et stimulant. On en fait une boisson alcoolique ou liqueur d'absinthe, dont l'abus engendre un empoisonnement de tout l'organisme, appelé absinthisme. Sa vente fut interdite depuis 1915.

La première représentation de la belle Hélène de Jacques Offenbach[149], en 1866, donna aux deux étudiants de Leipzig, l'idée que le cabinet de travail allemand était trop large, lugubre, il lui fallait un travestissement antique, de jeunes noceurs, de belles femmes et des vieux crétins. Tout est fin prêt pour que Dionysos effectue encore un retour, devant cette représentation pleine de feu, de musique à gogo, devant cette danse exubérante, ces tuniques larges et cette atmosphère de vie. Cette joie bruyante avait pour maxime : *« Je suis gai, soyez gais*[150] ». Elle s'entendait au milieu des canons montés à cheval, au milieu du soupir que le dieu Mars poussa pour sa femme, car il n'avait pas aimé la muse ratatinée. Nous sommes en face d'une habile orchestration, d'une imagination pleine de fantaisie que Nietzsche récupéra pour sa musique marquée d'originalité bouffonne et de verve entraînante. Cette musique avait une direction : Dionysos[151].

Nietzsche partit ensuite apprendre la philologie classique à l'université de Bonn, où il suivit les cours du célèbre philologue Ritschl[152]. Il travailla presque exclusivement avec ce maître, eut avec lui de fréquentes entrevues et le suivit à Leipzig à l'automne de 1865. C'est au cours des années

---

149 ROSS (Werner).- *Der wilde Nietzsche oder die Rückkehr des Dionysos* (Munich, Deutsche, Verlags-Anstalt, 1994), p. 45

150 ROSS (Werner).- *Der wilde Nietzsche oder die Rückkehr des Dionysos* (Munich, Deutsche, Verlags-Anstalt, 1994), p. 45

151 ROSS (Werner).- *Der wilde Nietzsche oder die Rückkehr des Dionysos* (Munich, Deutsche, Verlags-Anstalt, 1994), p. 48

152 ANDREAS-SALOME(Lou).- *Friedrich Nietzsche à travers ses œuvres* (Paris, Grasset, 1992), p. 30

passées à l'université de cette ville qu'eut lieu sa première rencontre avec Wagner ; il lui fut présenté dans la maison de la sœur de l'artiste du professeur Brockhaus, mais il s'était familiarisé antérieurement avec la pensée et les œuvres du maître[153].

Sans attendre que Nietzsche eût passé son examen de promotion, l'université de Bâle confia en 1869 à cet homme de vingt-quatre ans, la chaire occupée jusque-là par le philologue Kiessling, nommé au Johanneum de Hamburg. Nietzsche fut d'abord nommé professeur adjoint, puis professeur titulaire de philologie classique, et l'université de Leipzig lui conféra le grade de docteur sans lui faire subir l'examen préliminaire[154]. Nietzsche cumula ses fonctions universitaires avec l'enseignement du grec dans la troisième classe (la classe supérieure) du Pædagogium de Bâle – une institution intermédiaire entre le lycée et l'université, dans laquelle enseignaient également d'autres professeurs issus de celle-ci, tels l'historien des civilisations Jacob Burckhardt et le philologue Mähly. Nietzsche eut rapidement un grand ascendant sur les élèves et y déploya pleinement son don exceptionnel pour attirer à lui les jeunes esprits, stimuler leur zèle et développer leurs talents. Dès cette époque, Burckhardt disait que Bâle n'avait jamais encore possédé un tel professeur. Burckhardt fit partie du petit cercle d'amis intimes qui regroupait également autour de Nietzsche, Franz Overbeck, l'historien de l'Eglise, et Heinrich Romundt, le philosophe kantien. Avec ces deux derniers, Nietzsche habitait une maison que la société bâloise surnomma *« la baraque à poisons*[155] *»* après la publication des

---

[153] ANDREAS-SALOME(Lou).- *Friedrich Nietzsche à travers ses œuvres* (Paris, Grasset, 1992), p. 30

[154] ANDREAS-SALOME(Lou).- *Friedrich Nietzsche à travers ses œuvres* (Paris, Grasset, 1992), p. 30

[155] ANDREAS-SALOME(Lou).- *Friedrich Nietzsche à travers ses œuvres* (Paris, Grasset, 1992), p. 30

Considérations Inactuelles. Vers la fin de son séjour à Bâle, Nietzsche mena une vie plus retirée en compagnie de sa sœur Elizabeth ; elle épousera plus tard l'ami d'enfance de Nietzsche, Bernard Förster, et le suivit au Paraguay. Nietzsche prit part, comme infirmier volontaire, à la guerre de 1870 entre l'Allemagne et la France. Il commença à souffrir peu après, des premiers signes menaçants d'une maladie à la tête, qui s'exprimait sous forme de douleurs et de malaises violents, revenant périodiquement. S'il faut en croire les affirmations de Nietzsche, ce mal était héréditaire, et aurait déjà causé la mort de son père. En janvier 1876, il fut pris de tels maux à la tête et aux yeux qu'il fut contraint de se faire remplacer au Pædagogium ; dès lors, son état ne cessa d'empirer, à tel point qu'il fut plus d'une fois prêt de mourir.

C'est en vain qu'il passa l'hiver de 1876-1877 dans le climat tempéré de Sorrente, en compagnie d'un petit cercle d'intimes. Son ami de toujours, Malwida von Meysenburg était accourue de Rome. Le docteur Paul Rée, à qui le liait déjà, à cette époque, une communauté étroite d'idées et de sentiments, était venu de Prusse-Occidentale. Un jeune Bâlois phtisique du nom de Brenner – il mourrut peu de temps après – s'était joint à la maisonnée. Mais comme son séjour dans le Midi n'avait apporté aucune amélioration à ses souffrances, Nietzsche dut abandonner définitivement, en 1878, son cours au Pædagogium, et donna en 1879, sa démission de l'Université. A partir de ce moment, il se retira complètement du monde et vécut tantôt en Italie – le plus souvent à Gènes – tantôt dans les montagnes de la Suisse, dans le petit village de Sils-Maria, en Engadine, non loin du défilé de la Majola.

Le cours visible de sa vie semble alors achevé. Pourtant, c'est à présent seulement que débute son existence de penseur. De sorte que le philosophe Nietzsche, dont nous allons parler ici, ne commence à se manifester clairement qu'au moment où prend fin la courbe extérieure de sa vie.

CONCLUSION PARTIELLE

La vie et l'œuvre de Nietzsche peuvent, pour l'essentiel, se diviser en trois grandes périodes qui se chevauchent et s'étendent chacune sur une décennie.

Pendant dix ans, de 1869 à 1879, Nietzsche donna ses cours à l'université de Bâle. Cette activité philologique coïncida presque totalement avec les dix années que dura son amitié avec Wagner, et avec la publication de celles d'entre ses œuvres qui sont nées sous l'influence de la métaphysique de Schopenhauer : cette période alla de 1868 à 1878, date à laquelle il donna le signal d'une nouvelle orientation philosophique en envoyant au maître de Bayreuth son premier ouvrage nettement positiviste, *Humain trop humain*.

Au cours des années qui suivirent immédiatement la guerre de 1870, Nietzsche se lia d'amitié avec Paul Rée, et cette liaison dura jusqu'en automne 1882, l'époque où Nietzsche acheva sa dernière œuvre encore fondée sur des bases positivistes, *Le Gai Savoir*.

A l'automne de l'année 1882, Nietzsche prit la résolution de renoncer pendant dix années à toute activité littéraire. Il se proposait, à la faveur de cette période de silence, de contrôler rigoureusement l'exactitude de sa nouvelle philosophie, qui tendait vers le mystique, puis de revenir la proclamer en 1892. Mais il ne mit pas ce projet à exécution ; pendant les années quatre-vingt, au contraire, il déploya une activité presque ininterrompue, et se tut avant que ne soient résolus les dix ans qu'il s'était assignés : en 1889 survint une crise plus violente que les autres, qui mit un terme à son activité créatrice.

Pourtant, la période qui sépara son départ de l'université de Bâle et la cessation de tout son travail intellectuel couvre elle aussi dix années, et s'étend de 1879 à 1889. Après cette date, Nietzsche mena une existence de malade, d'abord dans la clinique du professeur Binswanger, à Iéna, puis chez sa mère, à Naumbourg. Dans son ouvrage sur *L'innocence du devenir. La vie de Frédéric Nietzsche*, Michel Onfray, met en scène la vie de Nietzsche. A la scène 77, nous lisons, « *Weimar, villa Silberblick. Nietzsche est dans une véranda, sur une chaise longue. Il tient un gros livre entre les mains et semble très absorbé par sa lecture. On découvre qu'il le tient à l'envers*[156] ». Pour terminer, nous avons la scène suivante : « *En incrustation sur l'écran : trois années plus tard (après la mort de sa mère), le samedi 25 Août 1900, entre onze heures et midi. Toujours sur sa chaise longue, il tousse à deux ou trois reprises. Il a pris froid quelques jours auparavant. Il tousse une dernière fois, sa tête s'affaisse vers sa poitrine. Sa main tombe du bras du fauteuil. Gros plan sur la main. Nietzsche est mort*[157]. »

---

[156] ONFRAY (Michel).- *L'innocence du devenir. La vie de Frédéric Nietzsche* (Paris, Galilée 2008), p. 122

[157] ONFRAY (Michel).- *L'innocence du devenir. La vie de Frédéric Nietzsche* (Paris, Galilée 2008), p. 122

DEUXIEME CHAPITRE :

LES TRAITS ESSENTIELS DE L'HOMME NIETZSCHE

INTRODUCTION PARTIELLE

Les portraits de Nietzsche sont remarquables, surtout ceux qui ont trait aux dix dernières années. Ce fut certainement l'époque où sa physionomie, toute son apparence étaient les plus caractéristiques : le temps où les traits les plus secrets et les plus permanents de son être avaient fini par se frayer un chemin à travers les orages de sa vie intérieure, et se trahissaient jusque dans ce qu'il refoulait et dissimulait. Andréas-Salomé disait que *« ce qui fascinait le plus en lui, c'était ce nous ne savons pas quoi de constamment dérobé aux regards, le pressentiment d'une solitude inavouée, mais qui vous frappait dès le premier coup d'œil*[158]*. »*

Cet homme de taille moyenne, aux traits calmes et aux yeux bruns rejetés en arrière, vêtu d'une façon modeste, bien qu'extrêmement soignée, pouvait aisément passer inaperçu. Les traits fins et merveilleusement expressifs de sa bouche étaient presque entièrement recouverts par les broussailles d'une épaisse moustache tombante. Il avait un rire doux, une manière de parler sans bruit, une démarche prudente et réfléchie qui lui faisait courber légèrement les épaules. Lou Salomé écrivait à ce propos : *« On se représentait difficilement cette silhouette au milieu d'une foule : elle était marquée du signe qui distingue ceux qui vivent seuls et en marche*[159]*. »* Le regard était en revanche irrésistiblement

---

[158] ANDREAS-SALOME(Lou).- *Friedrich Nietzsche à travers ses œuvres* (Paris, Grasset, 1992), p. 32

[159] ANDREAS-SALOME(Lou).- *Friedrich Nietzsche à travers ses œuvres* (Paris, Grasset, 1992), p. 33

attiré par les mains de Nietzsche, incomparablement belles et fines, dont il croyait lui-même qu'elles trahissaient son génie. Ses yeux aussi le révélaient. Bien qu'à moitié aveugle, ils n'avaient nullement le regard vacillant et involontairement scrutateur qui caractérise beaucoup de myopes. Ils semblaient plutôt des gardiens protégeant leurs propres trésors, défendant des secrets muets sur lesquels aucun regard indésirable ne devait se porter. Sa vue défectueuse donnait à ses traits un charme magique et sans pareil ; car au lieu de refléter les sensations fugitives provoquées par le tourbillon des événements extérieurs, ils ne restituaient que ce qui venait de l'intérieur de lui-même. Son regard était tourné vers le dedans, mais en même temps – dépassant les objets familiers – il semblait explorer le lointain – ou, plus exactement, explorer ce qui était en lui comme si cela se trouvait au loin. Car toute son activité n'était, en somme, qu'une exploration de l'âme humaine en quête de mondes nouveaux, en quêtes de mers lointaines qu'il ne se lassait jamais de créer et de transformer au fond de sa pensée. Lorsqu'il se montrait d'humeur maussade, c'était la solitude qui s'exprimait à travers ses yeux, sombre, presque menaçante, comme surgie de profondeurs inquiétantes – de ce gouffre intérieur au sein duquel il était toujours seul, qu'il ne pouvait partager avec personne ; de cet abîme qui le faisait parfois frissonner d'horreur, et au fond duquel son génie finit par sombrer sans retour.

Le comportement de Nietzsche, lui aussi, donnait la même impression de mystère et de mutisme. Dans la vie courante, il était d'une grande courtoisie et d'une douceur presque féminine, d'un caractère égal et bienveillant ; il prenait plaisir aux formes raffinées et élégantes de la vie, et il ne cessa de leur attacher une importance considérable. Mais la joie du déguisement ne fut jamais étrangère à ce plaisir – un manteau et un masque qui cachaient une vie intérieure jamais, dévoilée. Nietzsche était un esprit solitaire qui portait son masque avec autant de maladresse qu'un homme venu du désert et des montagnes porte l'habit de l'homme du monde. Andréas Lou Salomé se posait la question qu'il avait formulée en ces termes : *« A propos de tout ce qu'un homme laisse paraître, on peut poser la question : qu'est-ce que cela veut cacher ? De quoi cela doit-il détourner l'attention ? Quel préjugé cela doit-il actionner ? Et encore : jusqu'où va la subtilité de cette dissimulation ? Et où réside l'erreur qu'il commet là*[160] *? »*

Ce raffinement n'était que l'envers de sa solitude, à la lumière de laquelle il importe de saisir toute la vie intérieure de Nietzsche, et que celui-ci ne cessa de renforcer, comme pour s'obliger à tout tirer de lui-même.

Plus il se retranche du monde, et plus tout ce qu'il laisse de son être se réduit à une simple apparence ; bientôt ce n'est plus qu'un voile tissé par la solitude autour d'elle-même, une surface provisoire faite pour arrêter le regard. Mieux Andréas-Salomé pense qu'on peut même estimer que *« les pensées de Nietzsche, dans la mesure où elles s'expriment sous forme théorique, font partie de ce superficiel derrière lequel repose, muette, à une profondeur abyssale, l'expérience intérieure dont elles ont surgi*[161]*. »*

Lorsque nous étudierons chacune des périodes de son évolution intellectuelle, c'est toujours Nietzsche lui-même que nous retrouverons, mais revêtu chaque fois d'un masque différent. L'expression de son masque : voilà ce qui donne à chaque instant la clef de son développement.

Andréas-Salomé Lou est alors frappée de constater que *« plus le tourment de sa solitude augmente, plus ses rapports diminuent avec tout autre que lui-même, et plus son*

---

160 ANDREAS-SALOME(Lou).- *Friedrich Nietzsche à travers ses œuvres* (Paris, Grasset, 1992), p. 34

161 ANDREAS-SALOME(Lou).- *Friedrich Nietzsche à travers ses œuvres* (Paris, Grasset, 1992), p. 34

déguisement acquiert une signification profonde[162]*.* » Sa nature véritable s'efface de plus en plus derrière la forme sous laquelle elle apparaît.

Partant de ce masque inoffensif, Nietzsche adopte de nouveaux sans cesse, pour aboutir au masque horrible derrière lequel se dissimule une chose plus horrible encore. Pour finir, il cherche un refuge dans l'image trompeuse du rire divin, de celui qui, en riant, s'efforce de transfigurer sa douleur en beauté. De sorte que Andréas-Salomé Lou voit Nietzsche *« au sein de sa dernière période de mysticisme philosophique, sombrer lentement au fond d'une suprême solitude, dans le silence de laquelle nous ne pouvons plus le suivre*[163]*.* » Nous ne le saisissons plus alors que par le moyen de symboles et de signes, c'est-à-dire par l'intermédiaire de son masque souriant d'idées ; et lui, pendant ce temps, est devenu celui qui a disparu pour toujours, comme il l'écrivait un jour en guise de signature d'une lettre.

Quel que soit le stade de son évolution, cette solitude intérieure forme le cadre immuable à travers lequel l'image de Nietzsche nous regarde fixement. Et les mots suivants qu'il écrivit à l'un de ses amis, ne font qu'exprimer le besoin qui le tourmentait de mettre en harmonie son existence extérieure et sa solitude intérieure : *« La solitude absolue m'apparaît de plus en plus comme ma formule essentielle, comme ma passion fondamentale : c'est à nous qu'il incombe de provoquer cet état au sein duquel nous créons nos œuvres les plus belles, et il faut savoir lui sacrifier bien des choses*[164]*.* »

---

162 ANDREAS-SALOME(Lou).- *Friedrich Nietzsche à travers ses œuvres* (Paris, Grasset, 1992), p. 35

163 ANDREAS-SALOME(Lou).- *Friedrich Nietzsche à travers ses œuvres* (Paris, Grasset, 1992), p. 35

164 ANDREAS-SALOME(Lou).- *Friedrich Nietzsche à travers ses œuvres* (Paris, Grasset, 1992), p. 36

Mais ses douleurs physiques lui fournirent le motif impérieux qui le poussa à transformer sa solitude intérieure en une solitude extérieure aussi complète que possible. Elles l'incitaient à fuir le contact des autres hommes, et ne lui permettaient de fréquenter que de rares amis. Encore ne pouvait-il entretenir avec eux – et toujours sous la forme de tête-à-tête espacés – que des rapports intermittents.

NIETZSCHE LE SOLITAIRE

Dans son ouvrage Nietzsche le bouffon des dieux, Franco Ferraz rapporte que Nietzsche dans sa 41è année considérait encore qu'il était un être isolé, et qu'il n'avait pas de disciple[165]. Mais plus encore ! Notre biographe ajoute plus loin dans une note sur Nietzsche qu'il se vantait, dans sa quarantième année de *« n'avoir jamais recherché les honneurs, les femmes ou l'argent[166]. »* Nietzsche se distinguait comme un solitaire distingué et un penseur à la doctrine ésotérique[167]. Ajoutons aussi que Nietzsche, dans cet ouvrage, selon notre auteur, se considère comme un européen, plus proche du cosmopolitisme français que du rationalisme allemand[168]. Il tient même à renaître comme français[169].

Considéré comme de la dynamite, à cause du caractère extrêmement dangereux et explosif de ses idées[170], Nietzsche est vu, par notre auteur comme un dangereux explosif qui met le monde entier en péril. Nietzsche en outre est *« une sorte de directeur de conscience pour les musiciens allemands[171] »* Il

---

[165] FERRAZ(Franco, Maria Cristina).- *Nietzsche, le bouffon des dieux* (Paris, l'Harmattan), p. 22

[166] FERRAZ(Franco, Maria Cristina).- *Nietzsche, le bouffon des dieux* (Paris, l'Harmattan), p. 26

[167] FERRAZ(Franco, Maria Cristina).- *Nietzsche, le bouffon des dieux* (Paris, l'Harmattan), p. 27

[168] FERRAZ(Franco, Maria Cristina).- *Nietzsche, le bouffon des dieux* (Paris, l'Harmattan), p. 33

[169] FERRAZ(Franco, Maria Cristina).- *Nietzsche, le bouffon des dieux* (Paris, l'Harmattan), p. 33

[170] FERRAZ(Franco, Maria Cristina).- *Nietzsche, le bouffon des dieux* (Paris, l'Harmattan), p. 37-38

[171] FERRAZ(Franco, Maria Cristina).- *Nietzsche, le bouffon des dieux* (Paris, l'Harmattan), p. 44

se distingue surtout par sa probité artistique, son goût distingué, sa haine la plus profonde contre la répugnante sexualité de la musique wagnérienne[172]. Dans son ouvrage Ecce Homo, Nietzsche est bien ce « homo » aussi bien que ce « ecce »[173]. Ainsi il est toujours haïssable[174].

Nietzsche est contre la modestie qui l'empêche de réaliser sa vraie personnalité[175]. La maladie jouera dans sa vie un rôle décisif, elle constituera une sorte d'aiguillon envers lui-même[176]. Nietzsche est un penseur qui s'est ex-centré(au sens étymologique du mot) de la vie allemande, c'est-à-dire qu'il s'en est éloigné. Il a pris de la distance par rapport à ceux qui considéraient ce monde comme le centre de leurs vies[177].

Pour Andréas-Lou Salomé, la douleur et la solitude sont les deux figures tutélaires qui veillent sur la destinée de Nietzsche. Elles seront de plus en plus présentes au fur et à mesure qu'approchera la fin. Jusqu'à son dernier jour elles ne cessent de nous montrer leur double visage, car elles sont pour lui à la fois une fatalité extérieure et une nécessité intérieure, voulue, déterminée par son esprit et par lui seul. Car ses souffrances physiques, tout autant que son mystère et sa solitude, reflétaient et symbolisaient quelque chose qui se trouvait tout au fond de lui – et elles le reflétaient avec une telle immédiateté qu'il les acceptait comme un arrêt de la

---

[172] FERRAZ(Franco, Maria Cristina).- *Nietzsche, le bouffon des dieux* (Paris, l'Harmattan), p. 44

[173] FERRAZ(Franco, Maria Cristina).- *Nietzsche, le bouffon des dieux* (Paris, l'Harmattan), p. 48

[174] FERRAZ(Franco, Maria Cristina).- *Nietzsche, le bouffon des dieux* (Paris, l'Harmattan), p. 49

[175] FERRAZ(Franco, Maria Cristina).- *Nietzsche, le bouffon des dieux* (Paris, l'Harmattan), p. 52

[176] FERRAZ(Franco, Maria Cristina).- *Nietzsche, le bouffon des dieux* (Paris, l'Harmattan), p. 53

[177] FERRAZ(Franco, Maria Cristina).- *Nietzsche, le bouffon des dieux* (Paris, l'Harmattan), p. 55

Providence, comme des amies et des compagnons austères et prédestinées. C'est ainsi qu'il écrivit un jour à une personne affligée par un deuil récent : *« Je suis navré d'apprendre que vous souffrez, que quelque chose vous manque, que vous avez perdu quelqu'un : car, pour vous, la douleur et la privation sont un caprice inutile et déraisonnable de l'existence, tandis qu'elles font pour moi, partie intégrante de ma vie*[178]*. »*

C'est à cela que se rapportent les rares aphorismes, disséminés dans son œuvre, qui ont trait à la valeur de la douleur en tant qu'instrument de connaissance.

Nietzsche étudie l'influence exercée par les humeurs changeantes de la maladie et de la convalescence ; il analyse ces états d'âme jusque dans leurs modulations les plus ténues et les poursuit jusqu'aux cimes où elles rejoignent l'intelligence pure. Une maladie à retours périodiques comme sépare clairement chaque période de l'existence – et donc de la pensée – de celle qui l'a précédée. Elle confère à l'être humain la conscience et l'expérience d'un étrange dédoublement. Elle permet à toutes choses de renaître devant son esprit avec la fraîcheur constamment renouvelée – avec une *« saveur nouvelle*[179] *»* a-t-il dit un jour en termes frappants – et l'autorise à porter un regard toujours neuf sur les événements les plus courants de la vie. La moindre vétille se pare à ses yeux de diaprures scintillantes de l'aurore, parce qu'une nuit profonde le sépare de la dernière fois où il l'a vue. Ainsi, chacune de ses *« guérisons »* devient une palingénésie de lui-même, et chaque fois la douleur *« est engloutie dans la victoire*[180]*. »*

---

178 ANDREAS-SALOME(Lou).- *Friedrich Nietzsche à travers ses œuvres* (Paris, Grasset, 1992), p. 36

179 ANDREAS-SALOME (Lou).- *Friedrich Nietzsche à travers ses œuvres* (Paris, Grasset, 1992), p. 37

180 ANDREAS-SALOME (Lou).- *Friedrich Nietzsche à travers ses œuvres* (Paris, Grasset, 1992), p. 37

Nietzsche lui-même a laissé entendre que ses aphorismes et ses livres reflétaient, dans une certaine mesure, la nature de ses souffrances physiques ; mais les rapports étroits qui unissent chez lui la pensée et la douleur apparaissent bien plus clairement encore quand un penseur comme Andréas-Salomé Lou examine son œuvre et son évolution dans leur ensemble[181]. Elle n'y discerne pas ces transformations insensibles qui caractérisent l'épanouissement intellectuel de ceux qui montent naturellement au-devant de leur grandeur[182] ; ce n'est pas le cours d'une ascension qu'elle y découvre[183], mais des changements brutaux, les hauts et les bas presque rythmiques de ses états d'âme, qui paraissent au bout du compte découler d'une seule et même chose : une maladie et une guérison provoquées par la pensée. Notre auteur croirait voir son esprit s'infecter et se guérir tour à tour, par la puissance de sa propre pensée[184].

Seules une nécessité issue plus profonde de sa personne, et une soif torturante de guérison permettent à Nietzsche d'accéder à de nouvelles connaissances. Mais à peine y est-il entré de tout son être, à peine y a-t-il trouvé le repos, les assimilant pour y puiser sa propre force, qu'aussitôt éclate un nouvel accès de fièvre. Quelque chose comme un débordement d'énergie intérieure l'assaille de nouveau, tourne contre lui son invisible aiguillon et le rend malade lui-même. C'est au cours de ces excès que sa force se violente et se livre en lui-même, à un combat douloureux ; c'est dans ces moments de crise qu'elle s'impose les tortures et les

---

181 ANDREAS-SALOME (Lou).- *Friedrich Nietzsche à travers ses œuvres* (Paris, Grasset, 1992), p. 37

182 ANDREAS-SALOME(Lou).- *Friedrich Nietzsche à travers ses œuvres* (Paris, Grasset, 1992), p. 37

183 ANDREAS-SALOME(Lou).- *Friedrich Nietzsche à travers ses œuvres* (Paris, Grasset, 1992), p. 37

184 ANDREAS-SALOME(Lou).- *Friedrich Nietzsche à travers ses œuvres* (Paris, Grasset, 1992), p. 37

ébranlements inouïs dont la pensée surgira, pantelante, mais fécondée. Andréas-Salomé dira : *« Ce qui ne tue pas Nietzsche le fortifie*[185]*. »* Et il se flagelle ainsi, non point jusqu'au suicide, mais jusqu'à atteindre ces fièvres et ces blessures dont il a besoin.

---

185 ANDREAS-SALOME(Lou).- *Friedrich Nietzsche à travers ses œuvres* (Paris, Grasset, 1992), p. 37

DEUXIEME SECTION :

NIETZSCHE LE SOUFFRANT

Cette recherche de la souffrance est, au dire de notre auteur, *« la véritable source intellectuelle de toute l'évolution de Nietzsche[186]. »* Elle relève deux traits caractéristiques de sa personnalité : d'abord le lien étroit qui relie, chez lui, la vie de l'intelligence et la vie des sentiments, la dépendance de son esprit à l'égard des exigences de son tempérament, mais aussi cette particularité qui fait naître sans cesse de nouvelles souffrances de cet entrelacement si étroit. Car chaque fois qu'il s'agit pour Nietzsche, de parvenir à la suprême clarté, à la pure lumière de la connaissance, il faut d'abord que son âme tout entière entre en fusion. Pourtant il n'est jamais permis à cette âme incandescente de rayonner au-dehors, en répandant autour d'elle une chaleur bienfaisante ; il lui faut se calciner dans sa propre ardeur, se consumer dans ses propres flammes : ici encore, la douleur faisait partie intégrante de sa vie.

Et de même que ses douleurs physiques ont été à l'origine et la cause de son isolement extérieur, c'est dans sa souffrance psychique que Lou Andréas - Salomé va chercher les racines de son individualisme exalté[187]. C'est cette souffrance qui poussa Nietzsche à souligner le caractère unique d'une solitude comme la sienne. Et notre biographe d'ajouter : *« L'histoire de cet homme unique est, du*

---

[186] ANDREAS-SALOME(Lou).- *Friedrich Nietzsche à travers ses œuvres* (Paris, Grasset, 1992), p. 38

[187] ANDREAS-SALOME(Lou).- *Friedrich Nietzsche à travers ses œuvres* (Paris, Grasset, 1992), p. 38

commencement à la fin, une biographie de la douleur[188]*.* » Elle n'a aucun point commun avec un quelconque individualisme général, en ce que son contenu ne provient pas du contentement de soi-même. Suivre les alternances douloureuses d'ascension et de chute qui jalonnent son développement intellectuel, c'est relire toute l'histoire des blessures qu'il s'est infligées. Andréas-Salomé pense alors que la propre philosophie de Nietzsche *« cache un combat héroïque, long et douloureux avec lui-même*[189]*.* »

Son extraordinaire faculté de s'engager dans les plus rudes dépassements de soi-même, de se retrouver toujours chez lui dans chaque nouvelle connaissance, ne semble exister que pour rendre plus tragique l'obligation où il se trouve de rejeter chaque fois ce qu'il vient de conquérir.

Pour Lou Andréas-Salomé, le changement d'opinion, l'obligation de se transformer se trouvent profondément ancrés au cœur de la philosophie nietzschéenne, et sont éminemment caractéristiques de ses méthodes d'investigation[190]. La fidélité que la plupart des individus gardent envers leurs propres convictions est remplacée chez lui par une infidélité héroïque qui lui commande de sacrifier à tout instant les idées qui lui sont les plus chères.

Pour notre biographe, plus ce solitaire se murait en lui-même, et plus il était contraint de se scinder en une quantité de penseurs distincts ; c'était sa seule façon de sauvegarder sa vie intellectuelle. La force qui le poussait à se blesser n'était qu'une force de l'instinct de conservation. Nietzsche

---

188 ANDREAS-SALOME(Lou).- *Friedrich Nietzsche à travers ses œuvres* (Paris, Grasset, 1992), p. 38

189 ANDREAS-SALOME(Lou).- *Friedrich Nietzsche à travers ses œuvres* (Paris, Grasset, 1992), p. 39

190 ANDREAS-SALOME(Lou).- *Friedrich Nietzsche à travers ses œuvres* (Paris, Grasset, 1992), p. 39

n'échappait, selon Andréas-Salomé *« à la souffrance qu'en se plongeant tout entier dans une souffrance nouvelle*[191]*.* »

Notre auteur pense également que nul problème n'a si fréquemment et si profondément préoccupé Nietzsche que l'énigme de sa propre nature, et il n'en est aucun sur lequel ses œuvres projettent une plus vive clarté : tous les problèmes de la connaissance se ramenaient pour lui à cette question centrale[192]. Plus son regard pénétrait au fond de lui-même, plus il se reconnaissait, et moins il mettait de scrupule à faire de toute sa philosophie une image réfléchie et gigantesque de lui-même. Plus il avançait, et plus cette tendance s'affirmait avec naïveté. De même que certains systématiciens abstraits, parmi les philosophes, ont érigé leurs concepts en lois universelles, notre psychologue pense que *« Nietzsche a voulu faire de son âme le symbole même de l'âme du monde »* Mais pour tracer son portrait, elle ajoute qu' *« il n'est pas nécessaire de passer en revue l'ensemble de ses théories et de les rapporter à sa personne*[193]*.* » Examiner Nietzsche sous le seul angle de la structure de son esprit permet déjà de la comprendre partiellement. Sa richesse intérieure était trop grande pour se plier sans effort à un ordre rigoureux : la vitalité et la volonté de puissance de chacun de ses instincts, de chacun de ses dons, contraignaient forcément tous les talents à entrer dans une nouvelle rivalité. En Nietzsche coexistaient, selon Andréas-Salomé, *« dans un état permanent de tension et de conflit, se tyrannisant les uns les autres, un musicien remarquable, un esprit libre, un génie*

---

[191] ANDREAS-SALOME(Lou).- *Friedrich Nietzsche à travers ses œuvres* (Paris, Grasset, 1992), p. 40

[192] ANDREAS-SALOME(Lou).- *Friedrich Nietzsche à travers ses œuvres* (Paris, Grasset, 1992), p. 41

[193] ANDREAS-SALOME(Lou).- *Friedrich Nietzsche à travers ses œuvres* (Paris, Grasset, 1992), p. 41

religieux et un poète inné[194]. » Nietzsche lui-même invoquait souvent cette équation de forces pour expliquer le caractère unique de son génie, et c'était un sujet qu'il abordait volontiers au cours de ses conversations.

Il se plaisait à repartir les individus en deux catégories : ceux dont les instincts et les passions sont en état d'harmonie, et qui jouissent d'une complexion équilibrée et saine ; et ceux dont les instincts et les passions sont en état de guerre et s'annihilent les uns les autres. Il comparait les individus du premier groupe à l'humanité au temps où elle n'était encore qu'un troupeau, avant toute articulation sous forme d'état. Chaque homme n'y possédait son individualité et sa volonté de puissance qu'en tant que membre d'une collectivité homogène et indivise – tout comme les instincts isolés des membres du premier groupe étaient liés à une personnalité entière dont ils étaient l'incarnation.

En revanche, les natures du second groupe rappellent, par leur vie intérieure, une cité où tous les citoyens seraient constamment en guerre les uns contre les autres : la personnalité se dissout en un agrégat de sujets autonomes, mus chacun par des passions et des instincts divergents. Pour maîtriser cet état, il faut créer, du dehors, une puissance supérieure, une autorité douée d'une plus grande force capable de régner sur tous ces sujets, comme le fait la loi d'une structure étatique, pour laquelle il ne peut y avoir de violence que soumise à son autorité.

Chez les tempéraments du premier groupe, l'adhésion de l'individu aux décisions de l'ensemble est totalement intuitive, alors qu'elle doit, chez les seconds, être d'abord conquise et qu'il faut soumettre les passions tyranniques à un ordre inflexible des instincts.

---

194 ANDREAS-SALOME(Lou).- *Friedrich Nietzsche à travers ses œuvres* (Paris, Grasset, 1992), p. 41

C'est ici, comme le voit Andréas-Salomé, que *« Nietzsche entrevit la possibilité pour l'individu de s'affirmer dans sa totalité, grâce aux souffrances imposées à chacune de ses parties*[195]. » ; ici réside la cellule initiale dont naquit, par la suite, sa théorie de la décadence. Elle peut être résumée ainsi selon Andréas-Salomé : *« On peut accéder à la suprême richesse de pensée et de création en souffrant et en se torturant sans répit*[196]. *»* En un mot, c'est alors qu'il découvrit la valeur de l'héroïsme en tant qu'idéal. La torture de sa propre imperfection le poussa vers l'idéal et sa tyrannie. En un mot, c'est alors qu'il découvrit la valeur de l'héroïsme en tant qu'idéal.

Pour Nietzsche deux types humains – la nature harmonieuse ou homogène et la nature héroïque ou hétérogène – correspondaient aux deux catégories de l'homme d'action et du penseur. En d'autres termes, il voyait dans l'un son type personnel et dans l'autre son contraire.

Aux hommes d'action il attribue une nature entière, intacte et instinctive, une âme de maître. Pour rester fidèles à leur développement naturel, ceux-ci doivent se tremper et s'endurcir sans cesse, devenir toujours plus forts et plus sûrs d'eux-mêmes, et leur énergie contenue doit se décharger en actes sains. Les obstacles que le monde extérieur peut leur opposer, loin de les décourager, sont pour eux un stimulant ; rien ne révèle mieux leur santé florissante que leur instinct belliqueux. Peu importe que leur intelligence soit médiocre ou développée ; elle est toujours au service de cette force vitale jaillissante, de ce qui lui est favorable ou nécessaire. Leur esprit ne s'est jamais mis en travers de cette force quand elle poursuivait ses objectifs, il ne l'a pas brisée, il ne suit pas ses propres voies.

---

[195] ANDREAS-SALOME(Lou).- *Friedrich Nietzsche à travers ses œuvres* (Paris, Grasset, 1992), p. 42

[196] ANDREAS-SALOME(Lou).- *Friedrich Nietzsche à travers ses œuvres* (Paris, Grasset, 1992), p. 42

Il en va tout autrement de l'homme de pensée : loin de réunir ses instincts épars en un faisceau compact – qui les protégerait et les conserverait à la fois -, il les incite à diverger le plus largement possible. Plus la superficie qu'ils apprennent à parcourir est vaste, plus le penseur est satisfait. Car plus est grande la masse des expériences vers lesquelles ses instincts tendent leurs antennes, plus élevé le nombre de choses qu'ils touchent, voient, entendent et mieux ceux-ci remplissent le rôle qui leur est dévolu : être pourvoyeurs de la connaissance. Pour le penseur, c'est le principe de la vie qui est instrument de connaissance. Si bien que le penseur finisse par renoncer à son unité, car plus il se sent complexe, et plus il s'aime.

Nietzsche supporte d'être homme à condition qu'il soit à la fois poète et déchiffreur d'énigmes et rédempteur du hasard. Ainsi il redevient le solitaire, celui qui s'est le plus complètement retranché des exigences et des conflits du monde extérieur ; car une telle vie intérieure aspirera d'autant moins à la guerre intérieure qu'elle sera plus parfaitement possédée et animée par les guerres, victoires, défaites et conquêtes menées contre ses propres instincts. Ce qu'il recherche dans la solitude de sa méditation, c'est une cuirasse qui le protège contre le choc des événements, car il est déjà, par lui-même, un champ de bataille, un tourbillon furieux de coups et de blessures. En définitive Andréas-Salomé pense que *« la philosophie d'un penseur témoigne rigoureusement de ce qu'il est, car elle révèle les plus profonds instincts de sa nature et la hiérarchie à laquelle ils obéissent*[197]*. »*

Vers la fin de sa vie, au plus fort de sa maladie, Nietzsche désirait que l'on comprît l'histoire de ses souffrances comme l'histoire d'une guérison. Cette nature

---

[197] ANDREAS-SALOME(Lou).- *Friedrich Nietzsche à travers ses œuvres* (Paris, Grasset, 1992), p. 45

vigoureuse put cependant, au cœur des douleurs et des contradictions, retrouver son idéal de connaissance, se reprendre et se soigner elle-même. Mais après avoir connu cette guérison tant convoitée, son âme n'avait plus qu'un besoin, tout aussi impérieux : se jeter de nouveau dans le tumulte des combats, des fièvres et des blessures. Après avoir été l'artisan de sa propre guérison, elle s'ingéniait à inventer de nouveaux conflits.

La santé n'est donc pas, chez Nietzsche, une puissance supérieure qui triomphe des maladies comme de phénomènes secondaires, et les transforme en instruments qu'elle manie à sa guise. Santé et maladie se déterminent réciproquement – mieux : se contiennent l'une l'autre. Toutes deux alimentent effet une même faille au sein d'une seule et même vie intellectuelle.

TROISIEME SECTION :

UNE PERSONNALITE INTEMPESTIVE, UN HOMME EN LUTTE CONTRE SON TEMPS

Nietzsche est, au dire de Steiner Rudolf[198], un investigateur, un homme qui cherche inlassablement. Il se caractérise lui-même, comme un songeur solitaire et un amateur d'énigme, comme une personnalité intempestive. Nietzsche n'est pas un messie ni un fondateur de religion. Il y a dans la personnalité de Nietzsche des instincts qui sont en contradiction avec des sphères entières de la pensée de ses contemporains. Il se détourne avec une répugnance instinctive des plus importantes idées de la civilisation dans laquelle il a évolué.

Nietzsche n'est pas un penseur au sens commun du terme ; il n'est pas une tête philosophique, mais un butineur de l'esprit qui rend visite aux essaims de la connaissance et en rapporte ce qui est utile à la vie. Dans sa personnalité dominent les instincts qui font de lui un maître, un souverain. Lui plaît tout ce qui témoigne de la puissance, lui déplaît tout ce qui relève de la faiblesse. Il ne se sent heureux qu'aussi longtemps qu'il se trouve dans les conditions de vie qui accroissent sa force. Il aime les obstacles, les résistances, parce qu'en les surmontant il prend conscience de sa puissance. Il cherche les chemins les plus difficiles que l'homme puisse suivre. Mais nous retenons surtout ceci : une personnalité comme celle de Nietzsche offre des points de repère particuliers pour la psychopathologie.

---

[198] STEINER (Rudolf).- *Friedrich Nietzsche. Un homme en lutte contre son temps.* (Genèse/Suisse, Editions Anthroposophiques Romandes 1982), p. 9

Un noyau morbide au sein de sa personnalité l'amenait sans arrêt à revenir sur les fondements psychologiques de ses conceptions. Il a tour à tour utilisé tous les styles, depuis la diction poétique jusqu'aux sommets les plus hauts de l'abstraction conceptuelle. Son mode de penser dépend de ses états corporels. Nietzsche tient le changement de ses modes de penser pour le résultat de modifications de ses états corporels.

Un phénomène extrêmement frappant de la vie spirituelle de Nietzsche est le dédoublement de la conscience de soi, dédoublement toujours latent, mais clairement apparent. Otto Rank, dans Don Juan et le double, montre qu'il existe une étroite relation psychologique entre le motif du Double et le problème de l'individu héroïque[199]. Dans les différents types pour figurer le Double, selon notre auteur, *« il s'agit toujours d'un Double qui ressemble trait pour trait au héros, même dans son nom, dans sa voix, dans son habillement[200]. »* Cette voie du Double, contrarie toujours les entreprises du héros et généralement c'est à propos d'une femme qu'éclate la catastrophe, qui est souvent le suicide, par la voie détournée de l'assassinat du persécuteur abhorré[201]. Enfin, l'un des points communs des auteurs qui écrivent sur les récits de Double, est *« un certain état pathologique de la personnalité qui dépasse dans plus d'un sens la névrose[202]. »* ou encore, tant de ces auteurs sont morts de maladies mentales ou nerveuses[203]. Aussi, la prédisposition pathologique aux troubles nerveux et mentaux occasionne-t-elle une division très prononcée de la personnalité, avec une affirmation très particulière du complexe du moi. A cette disposition correspond chez ces écrivains un intérêt anormalement fort

---

[199] RANK (Otto).- *Don Juan et le double* (Paris, Payot, 1973), p. 135
[200] RANK (Otto).- *Don Juan et le double* (Paris, Payot, 1973), p. 39
[201] RANK (Otto).- *Don Juan et le double* (Paris, Payot, 1973), p. 39
[202] RANK (Otto).- *Don Juan et le double* (Paris, Payot, 1973), p. 41
[203] RANK (Otto).- *Don Juan et le double* (Paris, Payot, 1973), p. 50

pour leur personne, leur état d'âme et leur destin. Elle conduit à un comportement caractéristique dans la vie, dans le monde, tout particulièrement vis-à-vis de l'amour, pour lequel l'harmonie nécessaire ne peut s'établir : incapacité absolue à l'amour ou hypertension du désir amoureux conduisant à ce même effet négatif qui caractérise les deux pôles entre lesquels oscille cette disposition introspective vis-à-vis du propre moi[204]. Toute cette description pourrait s'appliquer parfaitement à Nietzsche.

Le fameux *« deux âmes habitent, hélas, en mon sein »* touche chez lui au pathologique. Il ne peut maintenir l'équilibre entre *« ces deux âmes »* Ses polémiques ne sont guère explicables d'un autre point de vue. Ses arguments n'atteignent presque jamais réellement l'adversaire. Nietzsche commence par arranger de la manière curieuse ce qu'il veut attaquer et combat ainsi une chimère très éloignée de la réalité. Steiner a raison de dire qu'en réalité Nietzsche lutte, non pas contre un ennemi extérieur, mais contre lui-même[205]. Et sa lutte est d'autant plus violente qu'il a, à une autre époque, partagé le point de vue auquel il s'attaque ou que ce point de vue joue tout au moins un certain rôle dans sa vie intérieure. Notre auteur, écrit finalement, que Nietzsche ressent le dédoublement de son Moi et le contraste brutal au sein de sa conscience, entre les différentes sphères de pensées.

---

[204] RANK (Otto).- *Don Juan et le double* (Paris, Payot, 1973), p. 55

[205] STEINER (Rudolf).- *Friedrich Nietzsche. Un homme en lutte contre son temps.* (Genèse/Suisse, Editions Anthroposophiques Romandes 1982), p. 154

CONCLUSION PARTIELLE

Quels sont les trais essentiels de l'homme Nietzsche ? Sa caractériologie ? Pour Andréas-Lou Salomé, l'homme Nietzsche est d'abord un être solitaire, à la fois familier et inquiétant. Cet être *« s'imaginait pouvoir porter des poids gigantesques et finit par succomber à une folie monstrueuse*[206]*.»* L'homme de Nietzsche est un homme qui a de l'esprit quoi qu'il fasse. Il le fait bien remarquer dans Par delà le bien et le mal lorsqu'il écrit : *« Il y a des hommes qui ont inévitablement de l'esprit, quoi qu'ils fassent, et ils ont beau mettre leurs mains sur leurs yeux qui les trahissent (comme si une main ne trahissait pas !), on finit toujours par découvrir qu'ils ont quelque chose qu'ils dissimulent »*[207] Cet homme est d'une grande courtoisie et d'une douceur presque féminine.

La solitude intérieure de Nietzsche fut profonde et cruelle vers la fin de sa vie. Mais il n'a jamais aspiré à s'en évader. Chaque effort pour s'en évader ne faisait que le ramener au fond de lui-même. Les traits fondamentaux du génie de Nietzsche expliquent le caractère exalté et raffiné de sa pensée, caractère qui rehausse comme une épice brûlante ce qu'il y a même de grandiose et d'important dans sa philosophie.

---

[206] ANDREAS-SALOME (Lou).- *Friedrich Nietzsche à travers ses œuvres* (Paris, Grasset, 1992), p. 29

[207] NIETZSCHE (Friedrich).- *Par delà le bien et le mal* 288 dans *Œuvres Complètes*, Tome 2, (Paris, Robert Laffont 1993), p. 728.

DEUXIEME PARTIE :

LES DIFFERENTES OCCURRENCES DE L'HOMME, DE L'HUMANITE, DE L'HUMANISME ET DU SURHOMME DANS LES TEXTES DE NIETZSCHE ET DE SES COMMENTATEURS

PREMIER CHAPITRE :

L'HOMME

Les données du monde, le thème des recherches de la science ne sont que les caractères à partir desquels on peut déchiffrer l'Idée de l'homme[208]. Or, le monde du changement, des lois et des relations est le thème des recherches de la science. Son outillage, ce sont les concepts, sa méthode les causes[209].

Pour Faye Emmanuel[210], la philosophie éprouve beaucoup de difficultés à définir l'homme. La philosophie antique a canonisé la formule de Protagoras selon laquelle l'homme est la mesure de toutes choses. Puis elle s'est cantonnée à la morale, à une pensée éthique de l'homme. Chez Platon par exemple, l'essence de l'homme se comprend par ce qui lui permet de se diriger soi-même, de tempérer son âme et de discerner la vraie justice. L'antiquité expose le mythe de l'homme originellement démuni, mais cette indétermination première de la nature humaine, rend mieux manifeste le fait que celui-ci soit pourvu, dès l'origine, de son intelligence. En définitive, la pensée est ce qui est essentielle à l'homme. Il est également le seul animal qui utilise le langage.

Dans la scolastique médiévale, l'homme est vu comme un animal raisonnable. Il est défini comme la seule créature

---

[208] NIETZSCHE (Friedrich).- *Introduction à l'étude des dialogues de Platon* (Paris, Editions de l'éclat 2005), p. 87

[209] NIETZSCHE (Friedrich).- *Introduction à l'étude des dialogues de Platon* (Paris, Editions de l'éclat 2005), p. 87

[210] FAYE(Emmanuel).- « Homme » dans *Encyclopédie Philosophique Universelle* II *Les Notions Philosophiques*, Tome1 (Paris, PUF, 1990), p. 1157

faite à l'image et à la ressemblance de Dieu. Mais cette image est ternie par la corruption du vieil homme. Pourtant, la représentation médiévale de l'homme peut donner lieu à une puissante vision de la dignité de l'homme. Défini comme coopérateur de Dieu, l'homme est appelé à concourir, par sa raison, à l'œuvre de la Création. Pour nous résumer, disons que l'homme a été créé pour être le moyen terme et la réunion de toutes les créatures. Car il n'est aucune créature qui ne puisse être considérée dans l'homme. Il partage l'intellect avec l'ange, la raison avec l'homme, le sens avec l'animal, la vie avec les semences. L'homme condense en lui la hiérarchie des créatures. Son œuvre propre consiste à harmoniser, par la raison, l'intellect et le sens.

Mais peut-on parler de l'Homme en général, et non de tel ou tel homme, avant d'avoir élucidé comment la pensée conçoit cette notion universelle ? Le Moyen-âge cherche à montrer que l'humanité de Socrate et de Platon ne résulte pas de leur participation à une essence matérielle unique, car l'individualité humaine ne serait alors qu'un accident. Les hommes individuels ne se rencontrent pas en l'homme comme dans une chose commune, mais dans l'être homme, c'est-à-dire dans un certain état. Cette réflexion du 13ème siècle philosophique fraye ainsi la voie à une pensée attentive au statut de l'individualité humaine. Au 12ème siècle, le thomisme reprend la question de la nature de l'homme, en vue d'élaborer une notion de l'individualité humaine compatible avec la doctrine chrétienne de l'immortalité de l'âme, concluant à l'éternité impersonnelle de l'intellect agent. Ainsi, pour ce système, l'homme est le composé d'une substance à la fois spirituelle et corporelle. Mais peut-on démontrer rationnellement que l'intellect agent, dont l'objet est l'universel, n'est pas séparé, impassible et sans mélange, seul immortel et éternel ? Comment comprendre que l'intellect ne soit pas une forme universelle, identique chez tous les hommes, mais une partie de l'âme, qui se multiplie avec les âmes individuelles ? La question de l'essence de l'individualité humaine reste ouverte pour la pensée.

La pensée humaniste de la Renaissance, au 15ème siècle, présente l'homme comme le grand miracle ou le microcosme. Ainsi, la nature humaine a été placée au-dessus des anges, enfermant en elle l'univers : elle est un microcosme, ou un petit monde. Les penseurs de la Renaissance développent l'idée nouvelle selon laquelle l'homme est doté de sa seule volonté libre. Parlant de ce nouveau Epiméthée, ils écrivent : *« Nous ne t'avons donné ni une place déterminée, ni une physionomie propre, ni aucun don particulier, afin que tu les aies selon ta volonté. Pour les autres, leur nature définie est régie par des lois que nous avons prescrites ; toi, tu n'es limité par aucune barrière, c'est de ta propre volonté que tu détermineras ta nature. »* La philosophie de la Renaissance tend alors à renverser le rapport de l'homme microcosme en macrocosme. Ainsi l'homme accompli ou le sage, mérite d'être appelé l'autre grand monde. Voilà pourquoi l'homme de nature n'est pas encore homme à part entière : il lui faut accomplir par lui-même son humanité pensante dans l'homme de culture. Recueillant en soi la connaissance du monde et de soi-même, l'homme de culture peut être dit la lumière naturelle et la splendeur de l'homme.

Dans la Renaissance également le travail intellectuel et les œuvres de l'esprit sont les plus hautes marques de l'activité humaine et la source de toute évolution politique. Même l'humaniste est vu comme l'auteur des écrits purement humains et philosophiques, sans mélange avec la théologie. Il devient ainsi l'homme purement homme, cet être ondoyant et divers. En s'observant lui-même, l'homme recherche une connaissance directe de l'humaine condition.

Au 17ème siècle, le cartésianisme refuse de définir l'homme. Pour ce système, en suspendant par le doute toute représentation d'une cosmologie ou d'une métaphysique déjà constituée que l'homme prend directement conscience de soi, comme d'un être dont l'existence se découvre dans la pensée. Mais, si l'essence du moi cartésien consiste en la pensée, l'intégrité de l'homme est définie par l'union d'une substance pensante et d'un corps étendu, de sorte que, pour connaître l'homme, il faut aussi étudier le corps étendu en tant qu'il est en mouvement, et le décrire comme machine.

Dans l'univers pascalien, toute doctrine de l'homme procède toujours d'une vue partielle, masquant les contrariétés qui sont en l'homme. Pascal rappelle les hommes à leur cœur et les faire commencer par se connaître eux-mêmes. Il recommande surtout aux hommes de bien penser ; tel est chez lui, le principe de la morale. Il ne faudrait pas limiter l'homme, car l'homme passe infiniment l'homme.

Au 18ème siècle, en Allemagne, Kant cherche à fonder une notion morale de l'homme, pensé comme le sujet de la loi morale, de sorte que l'homme soit toujours reconnu, par la raison, comme fin en soi, tel que jamais il ne puisse être pris comme un moyen par autrui.

A mesure que l'on avance dans l'époque moderne, il semble de plus en plus difficile de retrouver une synthèse vivante de l'homme, tant on se trouve confronté à une diversité croissante d'approches partielles. Dans la pensée française du 19ème siècle, on voit s'approfondir deux orientations majeures : d'une part, l'étude de l'homme intérieur ou encore le sens intime, cette sorte de vue intérieure qui rend l'homme présent à lui-même ; d'autre part une réflexion qui privilégie l'étude de l'homme social, en vue de régler l'ensemble de la vie humaine, intellectuelle, et pratique, en y rapportant tout à l'Humanité. En approfondissant cette conception générale de l'humanité pensante et sensible, on en vient à penser que l'institution de l'état normal de l'humanité ne saurait être effectuée par la seule sociologie, mais par le concours de l'art et de la morale. Mais l'idée d'un état normal de l'humanité suppose une notion très stable de l'homme. Très différemment, en Allemagne, on distingue plusieurs démarches antagonistes parmi lesquelles nous voulons approfondir celle de Nietzsche.

L'homme se décline de deux façons chez Nietzsche : d'abord l'homme en général (Mann). Nous utilisons pour les références les deux volumes des _œuvres complètes_ de Nietzsche, dans la traduction de Robert Laffont. L'ouvrage de Nietzsche, _Humain, trop humain_, au premier volume, à propos des caractères de haute et basse civilisation, fait référence à la civilisation grecque qu'il qualifie de civilisation virile[211]. La civilisation grecque de l'époque classique est une civilisation d'hommes. Elle se compose aussi de femmes et d'enfants. A ces derniers, doit être inculquée une éducation virile. Quant aux femmes, elles ont pour devoir d'enfanter de beaux corps puissants. Ces hommes sont doués de grandeur d'âme[212].

Au livre quatrième d'_Aurore_, Nietzsche parle d'hommes complets, comme des hommes qui *« possèdent, en temps ordinaire, la confiance en eux-mêmes et le sentiment de la puissance[213]. »* Mais comment, d'après Nietzsche, les civilisations aryennes et sémites définissent-elles l'homme ? Dans _La naissance de la tragédie enfantée par l'esprit de la musique_, Nietzsche élargit sa perspective esthétique à l'anthropologie : *« L'aryen, dit-il, symbolise le crime par un homme, et le sémite personnifie le péché par une femme[214]. »* Pour l'auteur de _Humain trop humain_, *« les femmes parlent comme des êtres qui, durant des siècles, furent assis au*

---

211 NIETZSCHE (Friedrich).- *Œuvres Complètes*, I, *Humain trop humain I,* caractères de haute et basse civilisation, § 259, p. 579 (Paris, Robert Laffont, 1993)

212 NIETZSCHE (Friedrich).- *Œuvres Complètes*, I, *Humain trop humain I,* caractères de haute et basse civilisation, § 434, p. 631 (Paris, Robert Laffont, 1993)

213 NIETZSCHE (Friedrich).- *Œuvres Complètes*, I, *Aurore*, livre quatrième § 403, p. 1150 (Paris, Robert Laffont, 1993)

214 NIETZSCHE (Friedrich).- *Œuvres Complètes*, I, *Naissance de la tragédie*, § 9, p. 68 (Paris, Robert Laffont, 1993)

métier à tisser ou tissèrent l'aiguille ou firent l'enfant avec les enfants[215]*. » ;* dans ce même ouvrage, l'auteur écrit : *« La maladie des hommes consiste à se mépriser*[216]*. »* Il ajoute plus loin, à propos des suites habituelles du mariage que *« les hommes descendent d'ordinaire quelque peu quand ils prennent femme*[217]*. »* Quant aux femmes, poursuit-il, *« (elles) ont l'entendement, les hommes, la sensibilité et la passion.*[218] *»* Nietzsche soutient en outre qu' *« il y a plus de ressemblance entre l'homme et l'adolescent*[219]*. »* A côté de l'emploi du mot *« homme »,* Nietzsche utilise aussi le mot *« jeune homme ».*

Le Nietzsche de <u>Humain trop humain</u> II pense à ce qui se passe dans l'âme du jeune homme. Celui-ci fait alterner le dévouement et l'effronterie dans ses rapports avec une même personne[220]. Car, dans les autres, il n'estime et ne méprise au fond que lui-même ; et à l'égard de lui-même, il oscille nécessairement d'un sentiment à l'autre, jusqu'à ce que l'expérience l'ait fait trouver la mesure dans son vouloir et son pouvoir[221].

Pour Nietzsche, la profondeur appartient à la jeunesse, ainsi que le charme. Le jeune homme est exalté, de ce qui est de son devenir, encore plein de pressentiment et

---

215 NIETZSCHE (Friedrich).- *Œuvres Complètes*, I, *Humain trop humain I,* § 342, p. 605 (Paris, Robert Laffont, 1993)

216 NIETZSCHE (Friedrich).- *Œuvres Complètes*, I, *Humain trop humain I,* § 384, p. 618 (Paris, Robert Laffont, 1993)

217 NIETZSCHE (Friedrich).- *Œuvres Complètes*, I, *Humain trop humain I,* § 394, p. 619 (Paris, Robert Laffont, 1993)

218 NIETZSCHE (Friedrich).- *Œuvres Complètes*, I, *Humain trop humain I,* § 411, p. 623 (Paris, Robert Laffont, 1993)

219 NIETZSCHE (Friedrich).- *Œuvres Complètes*, I, *Humain trop humain I,* § 612, p. 680 (Paris, Robert Laffont, 1993)

220 NIETZSCHE (Friedrich).- *Œuvres Complètes*, I, *Humain trop humain II,* § 277, p. 795 (Paris, Robert Laffont, 1993)

221 NIETZSCHE (Friedrich).- *Œuvres Complètes*, I, *Humain trop humain II,* § 277, p. 795 (Paris, Robert Laffont, 1993)

d'espérances[222]. Nietzsche poursuit un peu plus loin en disant : *« (qu)'un jeune homme ne peut pas comprendre que quelqu'un de plus âgé que lui ait déjà passé par ses ravissements, ses aurores de sentiments, ses tours de pensées et ses élévations*[223]. » Nietzsche constate l'impatience de la jeunesse. Le jeune homme *« ne veut pas attendre que, après de longues études, des souffrances et des privations, son image des hommes et des choses devienne complète*[224]. » Après le jeune homme, Nietzsche, avant de s'attaquer à la différence spécifique entre l'homme et la femme, affirme que *« le sexe masculin possède un plus mauvais tempérament que le sexe féminin. », « Cela ressort aussi du fait que les enfants masculins sont plus exposés à la mortalité que les enfants féminins*[225]. »

Le Prologue du Gai Savoir, cet opéra-comique ou plutôt cette *« plaisanterie, ruse et vengeance »* est un prologue envers les Allemands. Le numéro 22 parle de l'homme et de la femme en des termes délirants : *« Enlève la femme, celle pour qui bat ton cœur ! »* Ainsi pense l'homme ; *« la femme n'enlève pas, elle vole*[226]. » Pour Nietzsche, c'est *« l'homme qui se crée l'image de la femme, et la femme qui se forme d'après cette image*[227]. » Peut-être que notre auteur veut-il

---

222 NIETZSCHE (Friedrich).- *Œuvres Complètes*, I, *Humain trop humain II,* § 282, p. 796 (Paris, Robert Laffont, 1993)

223 NIETZSCHE (Friedrich).- *Œuvres Complètes*, I, *Humain trop humain II,* § 293, p. 798 (Paris, Robert Laffont, 1993)

224 NIETZSCHE (Friedrich).- *Œuvres Complètes*, I, *Humain trop humain II,* § 266, p. 926 (Paris, Robert Laffont, 1993)

225 NIETZSCHE (Friedrich).- *Œuvres Complètes*, I, *Humain trop humain II,* Le voyageur et son ombre, § 274, p. 929 (Paris, Robert Laffont, 1993)

226 NIETZSCHE (Friedrich).- *Œuvres Complètes*, II, *Le Gai Savoir.* Plaisanterie, Ruse et Vengeance, § 22, p. 37 (Paris, Robert Laffont, 1993)

227 NIETZSCHE (Friedrich).- *Œuvres Complètes*, II, *Le Gai Savoir.* Livre deuxième, § 68, p. 92 (Paris, Robert Laffont, 1993)

faire allusion au texte de la *Génèse*1,27 de l'Ancien Testament. Nietzsche veut nous traduire sa foi en la virilisation de l'Europe, et ses préjugés sur l'amour, lorsqu'il écrit : *« Un homme qui aime comme une femme devient esclave*[228]*. »* Poursuivant cette idée il affirme que chez l'homme *« l'amour peut parfois entraîner la fidélité, soit sous forme de reconnaissance ou comme idiosyncrasie du goût*[229]*. »* Il y a comme une antinomie naturelle entre l'amour et la fidélité chez l'homme. Ainsi, *« (si) la femme se donne, l'homme prend et s'accroît*[230]*. »*

Pour terminer cette partie sur les occurrences de l'homme, retrouvons le jeune homme et Zarathoustra dans le discours *« de l'arbre sur la montagne »* L'homme est comparé à un arbre. *« Plus il veut s'élever vers les hauteurs et la clarté, plus profondément aussi ses racines s'enfoncent dans la terre, dans les ténèbres et l'abîme, - dans le mal*[231]*. Zarathoustra traduit enfin le comportement de tous les hommes, « ils ne connaissent rien de meilleur sur la terre que de coucher avec une femme*[232]*. »*

La deuxième acception pour dire Homme est *Mensch* en Allemand. C'est l'acception la plus utilisée par Nietzsche. D'abord Nietzsche nous décrit un peu sa caractéristique mythologique. Rappelons-nous l'homme, dans son rapport à l'espérance dans l'épisode de la boîte de Pandore.

---

[228] NIETZSCHE (Friedrich).- *Œuvres Complètes*, II, *Le Gai Savoir.* Livre cinquième, § 363, p. 233 (Paris, Robert Laffont, 1993)

[229] NIETZSCHE (Friedrich).- *Œuvres Complètes*, II, *Le Gai Savoir.* Livre cinquième, § 363, p. 234 (Paris, Robert Laffont, 1993)

[230] NIETZSCHE (Friedrich).- *Œuvres Complètes*, II, *Le Gai Savoir.* Livre cinquième, § 363, p. 234 (Paris, Robert Laffont, 1993)

[231] NIETZSCHE (Friedrich).- *Œuvres Complètes*, II, *Ainsi parlait Zarathoustra.* De l'arbre sur la montagne, p. 314 (Paris, Robert Laffont, 1993)

[232] NIETZSCHE (Friedrich).- *Œuvres Complètes*, II, *Ainsi parlait Zarathoustra.* De la chasteté, p. 324 (Paris, Robert Laffont, 1993)

Souvenons-nous de la première femme, selon Hésiode[233]. Zeus, voulant punir Prométhée d'avoir dérobé le feu céleste, lui envoya Pandore pour épouse, après avoir mis entre ses mains une boîte où tous les maux étaient enfermés. Le prudent Prométhée refuse de recevoir Pandore, mais son frère Epiméthée l'accueillit et elle lui ouvrit la boîte, d'où tous les maux se répandirent sur la terre. Il ne resta au fond de la boîte que l'Espérance. La première définition que nous pouvons donner à l'homme est Espérance.

La seconde définition est la vanité. *« Qu'est la vanité de l'homme le plus vain à côté de la vanité que possède l'homme le plus humble qui, dans le monde et la nature, se considère comme « homme[234] » ! »* Pour paraphraser nous dirons que l'homme, c'est du vent. Enfin, dans le discours célèbre du voyageur et son ombre, l'ombre affirme que *« quand l'homme fuit la lumière, nous fuyons l'homme : c'est la mesure de notre liberté[235]. »* Ici l'homme semble un être abandonné, car la lumière le fuit souvent[236]. Finalement l'homme devenu esclave, mène une vie d'humiliation et de dégoût. Etre sans liberté, il empoisonne les plus grandes joies[237].

---

[233] HESIODE.- *Les travaux et les jours*, v. 90 et ss.

[234] NIETZSCHE (Friedrich).- *Œuvres Complètes*, I, *Humain trop humain II,* Le voyageur et son ombre, § 304, p. 943 (Paris, Robert Laffont, 1993)

[235] NIETZSCHE (Friedrich).- *Œuvres Complètes*, I, *Humain trop humain II,* Le voyageur et son ombre, § 350ss, p. 955 (Paris, Robert Laffont, 1993)

[236] NIETZSCHE (Friedrich).- *Œuvres Complètes*, I, *Humain trop humain II,* Le voyageur et son ombre, § 350ss, p. 955 (Paris, Robert Laffont, 1993)

[237] NIETZSCHE (Friedrich).- *Œuvres Complètes*, I, *Humain trop humain II,* Le voyageur et son ombre, § 350ss, p. 955 (Paris, Robert Laffont, 1993)

La crainte, par ailleurs, est « le sentiment inné et primordial de l'homme[238]. » Pour devenir homme, il a eu *« envie de toutes les vertus des bêtes les plus sauvages et les plus courageuses, et il le leur a arrachées. C'est ainsi qu'il est devenu – homme*[239]. » L'homme, dans Ecce Homo est déterminé rigoureusement par Nietzsche, *« non point comme un objet d'amour ou même de pitié...Il est pour lui une chose informe, une matière, une pierre laide qui a besoin de statuaire*[240]*. »* De ces caractéristiques générales, détaillons davantage la notion d'homme à l'intérieur des œuvres de Nietzsche.

Pour Nietzsche, l'homme est un *« monde intérieur*[241] *», « un domaine plus haut et relativement supérieur.*[242] » Dans son illogique nécessaire, *« même l'homme le plus raisonnable a besoin de temps en temps de retourner à la nature, c'est-à-dire à sa relation illogique fondamentale avec toutes choses*[243]*. »* Mais Nietzsche considère plusieurs sortes d'hommes. Prenons les, les uns à la suite des autres.

D'abord l'homme ordinaire. Il est celui qui *« attribue plus d'importance à soi qu'au monde*[244]*. »* A côté de lui, il y

---

238 NIETZSCHE (Friedrich).- *Œuvres Complètes*, II, *Ainsi parlait Zarathoustra,* De la science, p. 524 (Paris, Robert Laffont, 1993)

239 NIETZSCHE (Friedrich).- *Œuvres Complètes*, II, *Ainsi parlait Zarathoustra,* De la science, p. 524 (Paris, Robert Laffont, 1993)

240 NIETZSCHE (Friedrich).- *Œuvres Complètes*, II, *Ecce Homo,* Pourquoi j'écris de si bons livres 8, p. 1180 (Paris, Robert Laffont, 1993)

241 NIETZSCHE (Friedrich).- *Œuvres Complètes*, I, *Humain trop humain I,* § 6, p. 438 (Paris, Robert Laffont, 1993)

242 NIETZSCHE (Friedrich).- *Œuvres Complètes*, I, *Humain trop humain I,* § 6, p. 438 (Paris, Robert Laffont, 1993)

243 NIETZSCHE (Friedrich).- *Œuvres Complètes*, I, *Humain trop humain I,* Des choses premières et dernières, § 31, p. 461 (Paris, Robert Laffont, 1993)

244 NIETZSCHE (Friedrich).- *Œuvres Complètes*, I, *Humain trop humain I,* Des choses premières et dernières, § 33, p. 462 (Paris, Robert Laffont, 1993)

a l'homme moral. La recherche de l'homme moral est une partie intégrante de l'histoire des sentiments moraux. Nietzsche, citant Paul Rée, écrit que l'homme moral n'est pas plus proche du monde intelligible (métaphysique) que l'homme physique[245]. Toutefois, précise-t-il, un peu plus loin, dans le chapitre sur la vie religieuse, *« l'homme n'est pas à toute heure également moral[246] »*, mais *« c'est dans la passion qu'il est le plus moral[247]. »* Aussi s'interroge Nietzsche : peut –on comprendre quelque chose d'un être réellement vivant ?

Il ne le pense pas[248]. Le poète, poursuit-il, fait des esquisses d'hommes superficielles…mais il soutient que ce ne sont pas des êtres naturels en chair et en os[249]. Le dramaturge, au contraire, crée l'homme originaire et naturel[250]. C'est lui, l'homme réel et nécessaire. Une autre idée que Nietzsche va développer dans ce même chapitre, est celle du rapport de l'homme réel à la crainte.

Nietzsche affirme que durant des centaines de millénaires, l'homme fut un animal, sujet à la crainte au

---

245 NIETZSCHE (Friedrich).- *Œuvres Complètes*, I, *Humain trop humain I,* Pour servir l'histoire des sentiments moraux. § 37, p. 467 (Paris, Robert Laffont, 1993)

246 NIETZSCHE (Friedrich).- *Œuvres Complètes*, I, *Humain trop humain I,* La vie religieuse § 138, p. 519 (Paris, Robert Laffont, 1993)

247 NIETZSCHE (Friedrich).- *Œuvres Complètes*, I, *Humain trop humain I,* La vie religieuse § 138, p. 519 (Paris, Robert Laffont, 1993)

248 NIETZSCHE (Friedrich).- *Œuvres Complètes*, I, *Humain trop humain I,* De l'âme des artistes et des écrivains § 160, p. 532 (Paris, Robert Laffont, 1993)

249 NIETZSCHE (Friedrich).- *Œuvres Complètes*, I, *Humain trop humain I,* De l'âme des artistes et des écrivains § 160, p. 532 (Paris, Robert Laffont, 1993)

250 NIETZSCHE (Friedrich).- *Œuvres Complètes*, I, *Humain trop humain I,* De l'âme des artistes et des écrivains § 160, p. 532 (Paris, Robert Laffont, 1993)

suprême degré[251]. Ce chapitre sur l'homme de lettres, ne peut s'achever sans une définition de celui-ci. L'homme de lettres est celui dont le meilleur auteur a honte[252]. Abandonnant l'homme de lettres, Nietzsche en vient à l'artiste.

Celui-ci, écrit Nietzsche, ne peut jamais donner à son image de valeur que pour un temps[253]. La raison est que *« l'homme, en général, est le produit d'une évolution et il est sujet à changement*[254]. *»* Il en est de même pour l'individu qui « n'est rien de fixe et d'arrêté[255]. » La réflexion nietzschéenne sur l'art dans son rapport à la nature et aux sciences naturelles, lui permet de faire ce rapprochement capital : *« L'homme scientifique est le développement ultérieur de l'homme artistique*[256]. » L'homme réel n'est-il pas celui qui est le centre de la terre, et par conséquent, celui qui doit prendre en mains la direction de cette terre ?

Nietzsche soutient farouchement cette idée, en ajoutant que c'est l'omniscience de l'homme qui *« doit veiller d'un*

---

251 NIETZSCHE (Friedrich).- *Œuvres Complètes*, I, *Humain trop humain I,* De l'âme des artistes et des écrivains § 169, p. 538 (Paris, Robert Laffont, 1993)

252 NIETZSCHE (Friedrich).- *Œuvres Complètes*, I, *Humain trop humain I,* De l'âme des artistes et des écrivains § 192, p. 543 (Paris, Robert Laffont, 1993)

253 NIETZSCHE (Friedrich).- *Œuvres Complètes*, I, *Humain trop humain I,* De l'âme des artistes et des écrivains § 222, p. 558 (Paris, Robert Laffont, 1993)

254 NIETZSCHE (Friedrich).- *Œuvres Complètes*, I, *Humain trop humain I,* De l'âme des artistes et des écrivains § 222, p. 558 (Paris, Robert Laffont, 1993)

255 NIETZSCHE (Friedrich).- *Œuvres Complètes*, I, *Humain trop humain I,* De l'âme des artistes et des écrivains § 222, p. 558 (Paris, Robert Laffont, 1993)

256 NIETZSCHE (Friedrich).- *Œuvres Complètes*, I, *Humain trop humain I,* De l'âme des artistes et des écrivains § 222, p. 559 (Paris, Robert Laffont, 1993)

œil pénétrant sur la destinée ultérieure de la civilisation[257]. » En disant cela, Nietzsche fait de l'homme, un véritable acteur de l'histoire. Mais quelle est l'histoire de l'homme lui-même ? Dans son histoire, les forces dionysiaques ouvrent la voie, tout d'abord par la destruction, mais après les forces apolliniennes, plus douces, prennent le relais. Et Nietzsche de constater : *« Ces énergies terribles, ce qu'on appelle le Mal, sont les architectes et les pionniers cyclopéens de l'humanité*[258]. » Toujours dans le chapitre sur les *« caractères de haute et basse civilisation »,* au paragraphe 276, il est question du microcosme et du macrocosme de la civilisation.

Nietzsche pense que *« c'est en lui-même que l'homme fait les meilleures découvertes sur la civilisation*[259]. » Cet homme est-il un homme d'action ? La réponse à cette question Nietzsche nous la donne un peu plus loin au paragraphe 283 quand il écrit : *« Les hommes d'action manquent ordinairement de l'activité supérieure*[260]. » Ce ne sont pas des hommes déterminés, isolés et uniques. Les gens d'actions roulent comme roule la pierre, suivant la loi brute de la mécanique. Cet homme action peut-il bien se comporter en société ?

Un chapitre de Humain trop humain I pense l'homme en société comme quelqu'un qui aime se cacher. Nietzsche parle

---

[257] NIETZSCHE (Friedrich).- *Œuvres Complètes*, I, *Humain trop humain I,* Caractère de haute et basse civilisation § 245, p. 572 (Paris, Robert Laffont, 1993)

[258] NIETZSCHE (Friedrich).- *Œuvres Complètes*, I, *Humain trop humain I,* Caractère de haute et basse civilisation § 246, p. 573 (Paris, Robert Laffont, 1993)

[259] NIETZSCHE (Friedrich).- *Œuvres Complètes*, I, *Humain trop humain I,* Caractère de haute et basse civilisation § 276, p. 583 (Paris, Robert Laffont, 1993)

[260] NIETZSCHE (Friedrich).- *Œuvres Complètes*, I, *Humain trop humain I,* Caractère de haute et basse civilisation § 283, p. 592 (Paris, Robert Laffont, 1993)

alors de *« dissimulation bienveillante*[261]*. »* Dans la société également Nietzsche rencontre des copies d'hommes supérieurs. L'homme en société peut-il, par exemple, se laisser acheter ?

L'adage qui dit que *« tout homme a un prix »,* ne se vérifie pas chez Nietzsche[262]. Chacun peut avoir un appât auquel il doit mordre. En jetant un coup d'œil sur l'Etat, Nietzsche lance cet appel aux hommes en société : *« Vivez en hommes supérieurs, et ne vous lassez pas d'œuvrer aux œuvres de la civilisation supérieure*[263]*. »* Cet appel n'invite-t-il pas l'homme à entrer en lui-même, à devenir un homme vrai ?

Pour Nietzsche l'homme vrai est un homme de conviction, un penseur qui émet des propositions désagréables, un homme qui a du caractère. Il a aussi un esprit léger de nature[264]. Cet homme vrai pourrait aussi s'appeler l'homme profond.

Cet homme profond est celui qui a la force dans l'approfondissement de ses impressions. En face de toute apparition soudaine, il est relativement calme et résolu. En plus il est souvent son propre comédien. Face à cet homme profond, l'homme moderne est à plaindre. Ce dernier (l'homme moderne) éprouve d'habitude une impatience extrême quand il rencontre de pareilles natures qui ne

---

261 NIETZSCHE (Friedrich).- *Œuvres Complètes*, I, *Humain trop humain I,* L'homme en société § 293, p. 597 (Paris, Robert Laffont, 1993)

262 NIETZSCHE (Friedrich).- *Œuvres Complètes*, I, *Humain trop humain I,* L'homme en société § 359, p. 609 (Paris, Robert Laffont, 1993)

263 NIETZSCHE (Friedrich).- *Œuvres Complètes*, I, *Humain trop humain I,* Coup d'œil sur l'Etat § 479, p. 655 (Paris, Robert Laffont, 1993)

264 NIETZSCHE (Friedrich).- *Œuvres Complètes*, I, *Humain trop humain I,* L'homme avec lui-même § 483-486, p. 657 (Paris, Robert Laffont, 1993)

produisent rien sans qu'on puisse dire d'elles qu'elles ne sont rien[265].

Dans Humain trop humain II, Nietzsche parle des grands artistes d'aujourd'hui. Ceux-ci, dans ses opinions et sentences mêlées, sont capables le plus souvent de déchaîner la volonté, et par cela même, dans certaines circonstances de libérer la vie. En outre, ils peuvent *« libérer la vie, être des créateurs d'hommes et surtout des sculpteurs[266]. »* La simple allusion à l'homme moderne ou au grand artiste d'aujourd'hui, me fait penser à celui que Nietzsche appelle le dernier homme.

Nietzsche le définit comme *« l'homme le plus simple et en même temps le plus complet[267]. »* Mais ce qui est simple, dit Nietzsche ne se représente ni en premier ni en dernier lieu. Ce qui est simple, a beaucoup trop la réputation d'être ce qu'il y a de plus ancien et d'avoir existé dès le début. Dans l'homme Nietzsche pense qu'on peut voir un spectacle inévitable de la beauté et de la force humaines[268].

Dans Humain, trop humain II, l'ombre qui dialogue avec le voyageur lui confie ceci : *« J'aime les hommes parce qu'ils sont disciples de la lumière[269]. »*.Dans ce même chapitre, au paragraphe 14 intitulé *« l'homme, comédien de l'univers »*, Nietzsche fait le raisonnement suivant : *« Si un Dieu a créé le monde ; il a créé l'homme pour être le singe de Dieu, comme*

---

265 NIETZSCHE (Friedrich).- *Œuvres Complètes*, I, *Humain trop humain I,* L'homme avec lui-même § 623, p. 684 (Paris, Robert Laffont, 1993)

266 NIETZSCHE (Friedrich).- *Œuvres Complètes*, I, *Humain trop humain II,* Opinions et sentences mêlées § 172, p. 762 (Paris, Robert Laffont, 1993)

267 NIETZSCHE (Friedrich).- *Œuvres Complètes*, I, *Humain trop humain II,* Opinions et sentences mêlées § 176, p. 764 (Paris, Robert Laffont, 1993)

268 NIETZSCHE (Friedrich).- *Œuvres Complètes*, I, *Humain trop humain II,* Opinions et sentences mêlées § 222, p. 780 (Paris, Robert Laffont, 1993)

269 NIETZSCHE (Friedrich).- *Œuvres Complètes*, I, *Humain trop humain II,* Le voyageur et son ombre, p. 828 (Paris, Robert Laffont, 1993)

un perpétuel sujet de gaieté dans ses éternités un peu trop longues[270]*.* » L'homme devient ainsi la risée de tout le reste des créatures qui l'entourent. Il est un immortel ennuyé. Dieu a créé l'homme pour en rire, poursuit Nietzsche[271]. Remontant à un chapitre plus haut, intitulé les erreurs fondamentales, Nietzsche affirme que l'homme vit dans des erreurs constantes : l'identité et le libre-arbitre. Sans ces erreurs, l'humanité ne serait pas créée. L'homme vit dans l'illusion constante qu'il est un être libre dans un monde de la nécessité[272]. Il apparaît alors comme le sur-animal, le quasi-dieu, le sens de la création[273]. Ainsi l'homme est la vanité des vanités.

Pour vivre pleinement son humanité, de quoi l'homme a-t-il besoin ? Quelle est la fin de l'homme ? Quelle est sa destinée après la mort ? Comment se réconcilie-t-il avec Dieu ? Telles sont d'autres questions que Nietzsche se pose dans *Humain, trop humain II*[274]. Il demande ensuite que l'esprit abandonne ces curiosités pour se concentrer sur la réalité historique qui est celle-ci : l'homme a trop longtemps vécu pauvrement aux divers degrés de civilisation, des millénaires durant. Là, *« il a appris à mépriser le présent et*

---

[270] NIETZSCHE (Friedrich).- *Œuvres Complètes*, I, *Humain trop humain II,* Le voyageur et son ombre, §14, p. 828 (Paris, Robert Laffont, 1993)

[271] NIETZSCHE (Friedrich).- *Œuvres Complètes*, I, *Humain trop humain II,* Le voyageur et son ombre, §14, p. 828 (Paris, Robert Laffont, 1993)

[272] NIETZSCHE (Friedrich).- *Œuvres Complètes*, I, *Humain trop humain II,* Le voyageur et son ombre, §12, p. 835 (Paris, Robert Laffont, 1993)

[273] NIETZSCHE (Friedrich).- *Œuvres Complètes*, I, *Humain trop humain II,* Le voyageur et son ombre, §12, p. 835 (Paris, Robert Laffont, 1993)

[274] NIETZSCHE (Friedrich).- *Œuvres Complètes*, I, *Humain trop humain II,* Le voyageur et son ombre, §16, p. 837 (Paris, Robert Laffont, 1993)

le prochain et la vie elle-même[275]*.* » Qui est donc cet homme ?

Nietzsche répond à cette question au paragraphe 21 du même chapitre. L'homme est celui qui mesure[276]. Mais apprécier un homme d'aujourd'hui est utile ou inutile[277]. Aussi des peuples entiers se sont efforcés, pendant des siècles, de découvrir et de mettre à l'épreuve des moyens nouveaux, par quoi *« l'on peut faire du bien à la grande collectivité humaine*[278]*.* » Résumons-nous à présent : l'homme est vanité[279]. Quand il fuit la lumière, nous le fuyons[280]. Il y a, ajoute Nietzsche, bien des choses qui sont restées obscures en l'homme. Quelle est alors la différence entre l'homme et l'animal ?

La différence est qu'il est devenu plus doux, plus spirituel, plus joyeux, plus réfléchi que l'animal[281]. Mais il est enchaîné par des représentations morales, religieuses et

---

[275] NIETZSCHE (Friedrich).- *Œuvres Complètes*, I, *Humain trop humain II,* Le voyageur et son ombre, §16, p. 837 (Paris, Robert Laffont, 1993)

[276] NIETZSCHE (Friedrich).- *Œuvres Complètes*, I, *Humain trop humain II,* Le voyageur et son ombre, §21, p. 840 (Paris, Robert Laffont, 1993)

[277] NIETZSCHE (Friedrich).- *Œuvres Complètes*, I, *Humain trop humain II,* Le voyageur et son ombre, §188, p. 901 (Paris, Robert Laffont, 1993)

[278] NIETZSCHE (Friedrich).- *Œuvres Complètes*, I, *Humain trop humain II,* Le voyageur et son ombre, §189, p. 901 (Paris, Robert Laffont, 1993)

[279] NIETZSCHE (Friedrich).- *Œuvres Complètes*, I, *Humain trop humain II,* Opinions et sentences mêlées, § 222, p. 780 (Paris, Robert Laffont, 1993)

[280] NIETZSCHE (Friedrich).- *Œuvres Complètes*, I, *Humain trop humain II,* Opinions et sentences mêlées, § 350s, p. 955 (Paris, Robert Laffont, 1993)

[281] NIETZSCHE (Friedrich).- *Œuvres Complètes*, I, *Humain trop humain II,* Le voyageur et son ombre, § 350, p. 953 (Paris, Robert Laffont, 1993)

métaphysiques. La différence entre l'homme et l'animal est que le premier s'est séparé de ses chaînes.

Nietzsche définit l'homme dans Aurore comme une *« abstraction exsangue*[282] *»,* une « fiction ». Il est aussi « la créature la plus craintive de toutes, grâce à sa nature subtile et fragile[283]. » Nietzsche pense aussi que l'homme ne connaît pas les hommes, c'est-à-dire qu'il ignore la bassesse ou encore l'exception. En clair, Nietzsche veut dire qu'il y a en l'homme du merveilleux et du vil. L'homme est d'une telle opacité qu'il cache les choses[284]. Voilà pourquoi Nietzsche se promène parmi les hommes, tel un explorateur et un observateur[285].

Toujours dans ce même livre, Nietzsche s'en prend aux hommes transparents. Il ajoute que pour les grands philosophes, tous les hommes croient en eux-mêmes, *« comme à des faits accomplis, arrivés à maturité*[286]*. »* Le livre premier du Gai Savoir parle de l'homme comme de quelqu'un qui *« est devenu peu à peu un animal fantasque qui aura à remplir une condition d'existence de plus que tout autre animal*[287]*. »* Plus loin Nietzsche souligne que *« l'homme fait au fond partie des animaux d'un bon*

---

282 NIETZSCHE (Friedrich).- *Œuvres Complètes*, I, *Aurore,* Livre Deuxième, § 105, p. 1028 (Paris, Robert Laffont, 1993)

283 NIETZSCHE (Friedrich).- *Œuvres Complètes*, I, *Aurore,* Livre Deuxième, § 142, p. 1058 (Paris, Robert Laffont, 1993)

284 NIETZSCHE (Friedrich).- *Œuvres Complètes*, I, *Aurore,* Livre Cinquième, § 438, p. 1162 (Paris, Robert Laffont, 1993)

285 NIETZSCHE (Friedrich).- *Œuvres Complètes*, I, *Aurore,* Livre Cinquième, § 468, p. 1171 (Paris, Robert Laffont, 1993)

286 NIETZSCHE (Friedrich).- *Œuvres Complètes*, I, *Aurore,* Livre Cinquième, § 560, pp. 1206-1207 (Paris, Robert Laffont, 1993)

287 NIETZSCHE (Friedrich).- *Œuvres Complètes*, II, *Le Gai Savoir,* Livre premier, § 1 p. 51 (Paris, Robert Laffont, 1993)

naturel... de bonne crédulité[288]*.* » En outre, il est « *maintenant plus méchant que jamais*[289]*.* »

Au deuxième livre du Gai Savoir, Nietzsche veut ignorer que « l'homme est encore autre chose qu'âme et forme[290]. » Il poursuit sa réflexion en disant que l'homme sous la peau est une abomination, une monstruosité, un blasphème envers Dieu et l'amour. Au livre suivant, Nietzsche constate que « *l'homme a été éduqué par ses erreurs*[291]*.* » La première erreur est que l'homme est un être incomplet ; la seconde est qu'il s'attribue des qualités imaginaires. La troisième erreur est qu'il se sent dans un rapport faux vis-à-vis des animaux et de la nature. Enfin, la quatrième erreur est qu'il invente des tables de bien toujours nouvelles, les considérant, pendant un certain temps, comme éternelles et absolues.

Nietzsche craint que les animaux considèrent l'homme comme un être de leur espèce car, poursuit-il, « *d'une façon fort dangereuse, (l'homme) a perdu son bon sens animal*[292]*.* » Les animaux considèrent l'homme comme un animal absurde, un animal qui rit et qui pleure, un animal misérable.

La maladie particulière et la vertu de l'homme actuel s'appellent le sens historique, mais l'histoire de l'homme dans son ensemble est une énorme généralisation d'affliction de malade qui songe à la santé et une tare de vieillard qui songe au rêve de sa jeunesse[293].

---

[288] NIETZSCHE (Friedrich).- *Œuvres Complètes*, II, *Le Gai Savoir,* Livre premier, § 33 p. 75 (Paris, Robert Laffont, 1993)

[289] NIETZSCHE (Friedrich).- *Œuvres Complètes*, II, *Le Gai Savoir,* Livre premier, § 33 p. 75 (Paris, Robert Laffont, 1993)

[290] NIETZSCHE (Friedrich).- *Œuvres Complètes*, II, *Le Gai Savoir,* Livre deuxième, § 59 p. 88 (Paris, Robert Laffont, 1993)

[291] NIETZSCHE (Friedrich).- *Œuvres Complètes*, II, *Le Gai Savoir,* Livre troisième, § 115 p. 126 (Paris, Robert Laffont, 1993)

[292] NIETZSCHE (Friedrich).- *Œuvres Complètes*, II, *Le Gai Savoir,* Livre troisième, § 224 p. 156 (Paris, Robert Laffont, 1993)

[293] NIETZSCHE (Friedrich).- *Œuvres Complètes*, II, *Le Gai Savoir,* Livre quatrième, § 337 p. 198 (Paris, Robert Laffont, 1993)

Nietzsche trouve que le monde dans lequel nous vivons est inhumain[294] et il ajoute que l'homme est un animal qui vénère. Il est aussi un animal méfiant. Notre généalogiste pense, en outre, que l'homme est contre le monde, qu'il en est son principal négateur, qu'il est l'étalon des choses et qu'enfin il se considère comme juge de l'univers. Mais affirme-t-il, l'existence de l'homme, mise dans la balance, n'apparaît-elle pas comme trop légère ?

L'une des raisons de cette légèreté de l'homme est que ce dernier, solitaire et bête de proie, aurait pu se passer de sa conscience[295]. C'est une nécessité qui a longtemps dominé l'homme. Il est, en outre, *« l'animal qui courait le plus de dangers[296]. »* L'homme n'a de valeurs, de sens, qu'autant qu'il est une pierre dans un grand édifice[297]. Le cinquième livre du Gai Savoir parle de *« l'homme manqué qui ne possède pas assez d'esprit pour pouvoir s'en réjouir et juste assez de culture pour le savoir[298]. »*

Nietzsche pense ensuite à une virilisation de l'Europe. Il veut refaire son monde dans lequel *« l'homme, l'emportera, une fois de plus, sur le commerçant et le philistin[299]. »* et invite ainsi ses contemporains à se protéger des hommes de

---

[294] NIETZSCHE (Friedrich).- *Œuvres Complètes*, II, *Le Gai Savoir,* Livre cinquième, § 346 p. 210 (Paris, Robert Laffont, 1993)

[295] NIETZSCHE (Friedrich).- *Œuvres Complètes*, II, *Le Gai Savoir,* Livre cinquième, § 354 p. 219 (Paris, Robert Laffont, 1993)

[296] NIETZSCHE (Friedrich).- *Œuvres Complètes*, II, *Le Gai Savoir,* Livre cinquième, § 354 p. 219 (Paris, Robert Laffont, 1993)

[297] NIETZSCHE (Friedrich).- *Œuvres Complètes*, II, *Le Gai Savoir,* Livre cinquième, § 356 p. 223 (Paris, Robert Laffont, 1993)

[298] NIETZSCHE (Friedrich).- *Œuvres Complètes*, II, *Le Gai Savoir,* Livre cinquième, § 359 p. 229 (Paris, Robert Laffont, 1993)

[299] NIETZSCHE (Friedrich).- *Œuvres Complètes*, II, *Le Gai Savoir,* Livre cinquième, § 362 p. 233 (Paris, Robert Laffont, 1993)

son époque, car *« tout rapport avec les hommes (lui) cause un léger effroi*[300]*. »*

Dans son livre phare Ainsi parlait Zarathoustra, l'homme est présenté comme *« quelque chose qui doit être surmonté.*[301] *»*, il est un pont et non un but,[302] un passage et un déclin[303]. Comme le singe est un objet de risée et de honte pour l'homme, l'homme sera aux yeux du surhomme un objet de risée et de honte

Comme le peuple rit de lui et attend la venue du danseur de corde, Zarathoustra décide de parler, non plus du surhomme, mais de ce qu'il y a de plus méprisable au monde, à savoir le dernier homme. Mais qu'est-ce que ce dernier homme, qualifié de ce qu'il y a de plus méprisable ou, dans un autre discours, d'innommable, car il tend à se confondre avec le plus laid des hommes ? Quelque chose qui avait encore figure humaine et qui pourtant n'avait presque rien d'humain, un je ne sais quoi que Zarathoustra qualifie encore de meurtrier de Dieu.

Le dernier homme présente cinq caractéristiques majeures qui se fondent en un tout : d'abord, il est celui qui refuse de porter le chaos, en qui tient toute la tragédie du monde, et d'enfanter une étoile dansante. Ensuite, il est celui qui récuse toute interrogation sur le sens de l'existence terrestre. *« Amour ? Création ? Désir ? Etoile ? »* : qu'est-ce que c'est, ironise-t-il ? Enfin, il est celui qui, incapable de supporter la lumière, cligne de l'œil. L'expression sera répétée à quatre reprises, au singulier, puis au pluriel.

---

[300] NIETZSCHE (Friedrich).- *Œuvres Complètes*, II, *Le Gai Savoir,* Livre cinquième, § 379 p. 249 (Paris, Robert Laffont, 1993)

[301] NIETZSCHE (Friedrich).- *Œuvres Complètes*, II, *Ainsi parlait Zarathoustra,* Prologue 3 p. 291 (Paris, Robert Laffont, 1993)

[302] NIETZSCHE (Friedrich).- *Œuvres Complètes*, II, *Ainsi parlait Zarathoustra,* Prologue 4 p. 293 (Paris, Robert Laffont, 1993)

[303] NIETZSCHE (Friedrich).- *Œuvres Complètes*, II, *Ainsi parlait Zarathoustra,* Prologue 4 p. 293 (Paris, Robert Laffont, 1993)

Ajoutons une quatrième caractéristique : il est celui qui amenuise tout sur une terre devenue exiguë. S'il rapetisse la terre elle-même, c'est qu'il ramène tout à lui, à la taille du puceron, dit encore Zarathoustra. Aussi indestructible que l'inceste, il sautille sans cesse, avec le même tic que son clin d'œil ou son toussotement. En définitive, il est celui qui a inventé le bonheur, proclame-t-il fièrement, en clignant de l'œil d'un air complice, car personne ne saurait l'abuser. Aussi le peuple, en entendant ces mots de la bouche de Zarathoustra, claque-t-il de la langue pour exprimer sa satisfaction. Clignement de l'œil, toussotement, sautillement ou claquement de langue : Nietzsche multiple les signes d'une vie hachée, discontinue, énervée, dès lors incapable de s'inscrire dans un temps durable. Ces cinq traits du dernier homme se résument en un seul : le refus de la création. Aussi l'homme moderne est le dernier homme. Il est celui qui détruit le premier homme en son humanité.

Le vieil homme que Zarathoustra rencontre dans le Prologue 8, est une métaphore qui rappelle celle employée dans le christianisme. Le vieil homme est tout ce qui doit être rejeté par le néophyte, la plante nouvelle, l'être nouveau. Ici, l'être nouveau est Zarathoustra. Ce dernier doit revêtir l'homme nouveau et se débarrasser du vieil homme.

Le discours sur « *des Mille et un buts* » parle de l'homme comme de quelqu'un qui évalue[304]. En rencontrant des vieilles femmes et des jeunes, l'homme véritable qui est Zarathoustra, veut deux choses : le danger et le jeu[305]. L'homme est vu, dans le discours sur *les compatissants*

---

[304] NIETZSCHE (Friedrich).- *Œuvres Complètes*, II, *Ainsi parlait Zarathoustra,* I, Des mille et un buts, p. 328 (Paris, Robert Laffont, 1993)

[305] NIETZSCHE (Friedrich).- *Œuvres Complètes*, II, *Ainsi parlait Zarathoustra,* I, Des femmes vieilles et jeunes, p. 333 (Paris, Robert Laffont, 1993)

comme *« la bête aux joues roses*[306] *»*. Il a dû trop souvent rougir de honte. Enfin Nietzsche désapprend de ce qu'il sait des hommes, quand il vit parmi eux[307]. En effet, l'homme est quelque chose qui doit être surmonté[308]. Nietzsche veut retourner auprès d'eux, car c'est parmi eux qu'il veut disparaître[309]. L'homme est la meilleure bête de proie[310].

Le discours « le convalescent » du troisième *Zarathoustra* dit de l'homme qu'il est envers lui-même l'animal le plus cruel[311]. Nietzsche parle dans le même passage du grand dégoût de l'homme. Il esquisse l'idée de l'éternel retour qui fera revenir éternellement l'homme dont Nietzsche est fatigué l'homme petit : *« Hélas ! L'homme reviendra éternellement ! L'homme petit reviendra éternellement*[312]*. »*

Dans son discours sur *de l'homme supérieur*, au troisième paragraphe, Nietzsche affirme à nouveau que

---

306 NIETZSCHE (Friedrich).- *Œuvres Complètes*, II, *Ainsi parlait Zarathoustra,* I, Des compatissants, p. 349 (Paris, Robert Laffont, 1993)

307 NIETZSCHE (Friedrich).- *Œuvres Complètes*, II, *Ainsi parlait Zarathoustra,* III, Le retour, p. 429 (Paris, Robert Laffont, 1993)

308 NIETZSCHE (Friedrich).- *Œuvres Complètes*, II, *Ainsi parlait Zarathoustra,* III, Des vieilles et des nouvelles tables, § 3, p. 439 (Paris, Robert Laffont, 1993)

309 NIETZSCHE (Friedrich).- *Œuvres Complètes*, II, *Ainsi parlait Zarathoustra,* III, Des vieilles et des nouvelles tables, § 3, p. 439 (Paris, Robert Laffont, 1993)

310 NIETZSCHE (Friedrich).- *Œuvres Complètes*, II, *Ainsi parlait Zarathoustra,* III, Des vieilles et des nouvelles tables, § 22, p. 450 (Paris, Robert Laffont, 1993)

311 NIETZSCHE (Friedrich).- *Œuvres Complètes*, II, *Ainsi parlait Zarathoustra,* III, Le convalescent, p. 457 (Paris, Robert Laffont, 1993)

312 NIETZSCHE (Friedrich).- *Œuvres Complètes*, II, *Ainsi parlait Zarathoustra,* III, Le convalescent, p. 457 (Paris, Robert Laffont, 1993)

l'homme est une transition et un déclin[313]. Au paragraphe 5, nous lisons : *« L'homme doit devenir meilleur et méchant[314] »*, « La fête de l'âne », en son dernier paragraphe, met en scène Zarathoustra et ses invités. Tous sont unanimes, après avoir regardé le ciel : *« Nous ne voulons pas du tout entrer dans le royaume des cieux : nous sommes devenus des hommes. C'est pourquoi nous voulons le royaume de la terre[315] »*

La deuxième partie de Par delà le bien et le mal, au paragraphe 24 dit l'étrangeté du monde simplifié et falsifié dans lequel vit l'homme[316]. L'amour de Nietzsche pour l'Italie lui fait dire son admiration pour ce pays, et pour ses habitants. Il reprend alors une expression de Vittorio Alfieri sur l'Italie quand il écrit : *« La plante homme y naît plus robuste qu'ailleurs[317] »* Cette allusion est reprise dans Par delà le bien et le mal[318]. Cet homme nietzschéen est celui qui croît vigoureusement et qui possède une volonté absolue de puissance[319].

La troisième partie de Par delà le bien et le mal, au paragraphe 62 nous apprend que l'homme est *« l'animal dont*

---

[313] NIETZSCHE (Friedrich).- *Œuvres Complètes*, II, *Ainsi parlait Zarathoustra,* IV, De l'homme supérieur, § 3 p. 510 (Paris, Robert Laffont, 1993)

[314] NIETZSCHE (Friedrich).- *Œuvres Complètes*, II, *Ainsi parlait Zarathoustra,* IV, De l'homme supérieur, § 5 p. 511 (Paris, Robert Laffont, 1993)

[315] NIETZSCHE (Friedrich).- *Œuvres Complètes*, II, *Ainsi parlait Zarathoustra,* IV, La fête de l'âne, § 2 p. 535 (Paris, Robert Laffont, 1993)

[316] NIETZSCHE (Friedrich).- *Œuvres Complètes*, II, *Par delà le bien et le mal*, 2è partie, § 21 p. 581 (Paris, Robert Laffont, 1993)

[317] NIETZSCHE (Friedrich).- *Œuvres Complètes* II, notes de la page 585 à la page 600, p. 1343, (Paris, Robert Laffont, 1993)

[318] NIETZSCHE (Friedrich).- *Œuvres Complètes*, II, *Par delà le bien et le mal*, 2è partie, § 24 p. 596 (Paris, Robert Laffont, 1993)

[319] NIETZSCHE (Friedrich).- *Œuvres Complètes*, II, *Par delà le bien et le mal*, 2è partie, § 24 p. 596 (Paris, Robert Laffont, 1993)

le caractère propre ne s'est pas encore fixé[320]*.* » La cinquième partie du même ouvrage, contient l'expression nietzschéenne l'animal *« homme »* tout entier[321]. Nietzsche veut dire ici que la véritable nature de l'homme c'est d'être animal. Ainsi il se demande ce qu'il peut encore tirer de l'homme par un rassemblement et une stimulation favorables des énergies et des tâches[322] ; vers la fin de ce chapitre cinquième. En définitive, qu'est-ce qu'un homme, se demande Nietzsche ?

Pour lui, l'homme est matière, fragment, superflu, argile, boue, sottise, chaos, mais il est aussi créateur, sculpteur, marteau impitoyable[323]. Il est *l'homo natura*, c'est-à-dire, l'homme comme nature. Nietzsche nous invite à retraduire l'homme dans le langage de la nature[324]. Nietzsche nous apprend ensuite que l'homme est un animal complexe, menteur, artificiel et impénétrable[325]. Il nous enjoint à rendre cet animal plus fort, plus méchant et plus profond[326]. La complexité de l'homme vient aussi du fait que l'homme est un animal agréable, vaillant, inventif[327]. Mais quelle est cette chose qui produit aujourd'hui l'aversion de Nietzsche pour l'homme ?

---

320 NIETZSCHE (Friedrich).- *Œuvres Complètes*, II, *Par delà le bien et le mal*, 3è partie, § 62 p. 6 11(Paris, Robert Laffont, 1993)

321 NIETZSCHE (Friedrich).- *Œuvres Complètes*, II, *Par delà le bien et le mal*, 5è partie, § 188 p. 634(Paris, Robert Laffont, 1993)

322 NIETZSCHE (Friedrich).- *Œuvres Complètes*, II, *Par delà le bien et le mal*, 5è partie, § 203 p. 647(Paris, Robert Laffont, 1993)

323 NIETZSCHE (Friedrich).- *Œuvres Complètes*, II, *Par delà le bien et le mal*, 7è partie, § 225 p. 672(Paris, Robert Laffont, 1993)

324 NIETZSCHE (Friedrich).- *Œuvres Complètes*, II, *Par delà le bien et le mal*, 7è partie, § 230 p. 678(Paris, Robert Laffont, 1993)

325 NIETZSCHE (Friedrich).- *Œuvres Complètes*, II, *Par delà le bien et le mal*, 9è partie, § 291 p. 729(Paris, Robert Laffont, 1993)

326 NIETZSCHE (Friedrich).- *Œuvres Complètes*, II, *Par delà le bien et le mal*, 9è partie, § 295 p. 732(Paris, Robert Laffont, 1993)

327 NIETZSCHE (Friedrich).- *Œuvres Complètes*, II, *Par delà le bien et le mal*, 9è partie, § 295 p. 732(Paris, Robert Laffont, 1993)

La première dissertation de La Généalogie de la morale nous en donne la réponse. En effet pour Nietzsche, chez l'homme, rien ne lui inspire plus la crainte et, en plus, la basse vermine *« homme »* qui s'est mise en avant et à pulluler. Enfin, l'homme apprivoisé, irrémédiablement médiocre et affligeant, a appris à se considérer comme l'aboutissement et l'apogée, comme sens de l'histoire et comme homme supérieur[328].

Nietzsche partant d'une étymologie douteuse (Le mot *Mensch* vient de Manas, un mot sanscrit qui signifie conscience), se demande si ce mot exprime encore quelque dignité[329]. En effet l'homme s'est désigné comme l'être qui estime des valeurs, qui apprécie et évalue, comme l'animal estimateur par excellence. Mais, il n'est pas un but ; seulement il est un cheminement, un incident, une passerelle et une grande promesse[330]. La raison se trouve dans le fait que l'homme est malade de lui-même. Cela est la conséquence d'un divorce violent avec le passé animal[331]. Ainsi donc l'homme s'est lui-même crucifié et profané et ce fait dure depuis deux mille ans[332]. Nietzsche conclut cet ouvrage par la réflexion suivante : l'homme, l'animal-homme, n'a eu jusqu'à présent aucun sens[333].

Dans le crépuscule des idoles, le texte sur « les quatre grandes erreurs » est remarquable en ce qui concerne sa

---

[328] NIETZSCHE (Friedrich).- *Œuvres Complètes*, II, *La Généalogie de la morale*, 1ère Dissertation, § 11, p. 792 (Paris, Robert Laffont, 1993)

[329] NIETZSCHE (Friedrich).- *Œuvres Complètes*, II, *La Généalogie de la morale*, 2è Dissertation, § 8, p. 814 (Paris, Robert Laffont, 1993)

[330] NIETZSCHE (Friedrich).- *Œuvres Complètes*, II, *La Généalogie de la morale*, 2è Dissertation, § 16, p. 826 (Paris, Robert Laffont, 1993)

[331] NIETZSCHE (Friedrich).- *Œuvres Complètes*, II, *La Généalogie de la morale*, 2è Dissertation, § 16, p. 826 (Paris, Robert Laffont, 1993)

[332] NIETZSCHE (Friedrich).- *Œuvres Complètes*, II, *La Généalogie de la morale*, 2è Dissertation, § 23, p. 833 (Paris, Robert Laffont, 1993)

[333] NIETZSCHE (Friedrich).- *Œuvres Complètes*, II, *La Généalogie de la morale*, 3è Dissertation, § 28, p. 888 (Paris, Robert Laffont, 1993)

réflexion sur l'homme. Nietzsche nous apprend que l'homme n'est pas la conséquence d'une intention propre, d'une volonté, d'un but[334]. Dans *flâneries d'un inactuel,* Nietzsche semble affirmer que l'homme se reflète dans les choses et tout ce qui lui rejette son image lui semble beau[335]. Il avait auparavant souligné la joie que l'homme cause à l'homme.

L'histoire de ses aspirations fut jusqu'à présent la partie honteuse de l'homme[336]. A ce propos Nietzsche ne voit pas ce qu'on veut faire de l'ouvrier européen après avoir fait de lui une question. En fin de compte, il a un grand nombre pour lui. Il ajoute qu' *« il faut complètement renoncer à l'espoir de voir se développer une espèce d'homme modeste et frugale, une classe qui répondrait au modèle du Chinois[337]. »*

Tant que le prêtre a prévalu, comme type suprême, toute espèce d'homme de valeur a été dépréciée,[338] nous affirme Nietzsche, car ajoute-t-il, le prêtre d'aujourd'hui doit être considéré comme l'être le plus bas, le plus menteur et le plus indécent. Quel type d'homme doit-on élever, doit-on vouloir ?

Finalement l'homme a toujours été considéré par le Nietzsche de *l'Antéchrist* comme l'animal le plus

---

[334] NIETZSCHE (Friedrich).- *Œuvres Complètes*, II, *Le crépuscule des idoles*, les quatre grandes erreurs, § 8, p. 980 (Paris, Robert Laffont, 1993)

[335] NIETZSCHE (Friedrich).- *Œuvres Complètes*, II, *Le crépuscule des idoles*, flâneries d'un inactuel, § 19, p. 1000 (Paris, Robert Laffont, 1993)

[336] NIETZSCHE (Friedrich).- *Œuvres Complètes*, II, *Le crépuscule des idoles*, flâneries d'un inactuel, § 32, p. 1006 (Paris, Robert Laffont, 1993)

[337] NIETZSCHE (Friedrich).- *Œuvres Complètes*, II, *Le crépuscule des idoles*, flâneries d'un inactuel, § 40, p. 1015 (Paris, Robert Laffont, 1993)

[338] NIETZSCHE (Friedrich).- *Œuvres Complètes*, II, *Le crépuscule des idoles*, flâneries d'un inactuel, § 45, p. 1019 (Paris, Robert Laffont, 1993)

intéressant[339], l'animal le plus fort[340], parce qu'il est le plus rusé. Mais il est aussi le plus manqué de tous les animaux, le plus maladif, celui qui s'est égaré dangereusement loin des instincts[341]. Nous aurions aimé poursuivre cette étude sur l'homme en lisant des textes de Nietzsche sur l'homme célèbre, sur l'homme d'action, l'homme d'affaires ou l'homme d'Etat. Il en va de même pour l'homme grand, l'homme moderne ou encore l'homme supérieur. Mais nous jugeons plus judicieux de parler de l'humain et de l'humanité, en fonction du thème de notre ouvrage.

---

[339] NIETZSCHE (Friedrich).- *Œuvres Complètes*, II, *L'Antéchrist*, § 14, p. 1049 (Paris, Robert Laffont, 1993)

[340] NIETZSCHE (Friedrich).- *Œuvres Complètes*, II, *L'Antéchrist*, § 14, p. 1049 (Paris, Robert Laffont, 1993)

[341] NIETZSCHE (Friedrich).- *Œuvres Complètes*, II, *L'Antéchrist*, § 14, p. 1049 (Paris, Robert Laffont, 1993)

DEUXIEME CHAPITRE :

L'HUMAIN, L'HUMANITE ET L'HUMANISME

PREMIERE SECTION :

L'HUMAIN

En guise d'introduction de notre recherche sur la définition de l'humain et de l'humanité nous avons été amené à lire des études sur la genèse de <u>*Choses humaines, trop humaines,*</u> d'un colloque sur» *« Nietzsche, Philosophie de l'esprit libre* , sous la direction de Paolo D'Iorio et d'Olivier Ponton. Olivier Ponton dans sa conférence sur « *Les esprits libres sont les 'dieux à la vie facile' écrit que Nietzsche s'efforce de repérer les différentes stratégies auxquelles les hommes ont recours pour se rendre la vie plus facile*[342] » a dit que l'homme ne peut vivre sans se rendre la vie supportable, donc sans avoir recours à des procédés d'allégement de la vie. Mais cela ne définit pas ce qu'est l'humain. L'introduction de l'ouvrage de Peter Pütz est beaucoup plus explicite.

Pour cet auteur, l'humainement universel est au centre des réflexions de Nietzsche[343]. Dans la quête de cet élément universel et total qui se trouvait jadis incarné dans le mythe grec, et qu'il ne peut plus faire renaître malgré ses efforts

---

[342] PONTON(Olivier).- « Les esprits libres sont les 'dieux à la vie facile' » in (sous la Dir.) PAOLO D'Iorio et PONTON(Olivier).- *Nietzsche, Philosophie de l'esprit libre, études sur la genèse de choses humaines, trop humaines*, (Paris, Edition Rue d'Ulm, 2004), p. 170

[343] PÜTZ (Peter).- introduction à *Humain, trop humain* dans *Œuvres Complètes*, I (Paris, Robert Laffont, 1993), p. 419

désespérés, Nietzsche lance un défi *« à tous ceux qui, par les mortifications de l'ascèse ou des commandements et des interdits paralysants, veulent se détacher, s'abstraire de cette universalité et se soustraire de sa cohérence*[344]*.* » Qui est donc cet humain que Nietzsche décrit à travers ses textes ? Qu'est-ce qui selon Nietzsche n'est qu'humain, trop humain ?

Nietzsche pense que tout ce qui est humain mérite, quant à sa genèse, la considération ironique[345]. En effet, tout ce qui est humain existe avec un grain de déraison[346]. Dans un passage de Humain trop humain II, du chapitre intitulé « le voyageur et son ombre », Nietzsche distingue l'humain de l'Homme. Il parle d'une orgueilleuse négligence[347]. Les choses humaines trop humaines sont les choses les plus petites et les plus journalières[348].

Nietzsche, dans Aurore parle des *« qualités beaucoup trop humaines*[349]*. »* Au livre cinquième, il pense que ce que l'humanité aura fini par connaître au terme de toute sa connaissance réside dans ses organes[350]. Cela veut dire, pense Nietzsche, l'impossibilité de la connaissance. Telle est la première pensée de Nietzsche, qu'il appelle A. Ce personnage ambivalent a toujours une seconde pensée, qu'il

---

[344] PÜTZ (Peter).- introduction à *Humain, trop humain* dans *Œuvres Complètes*, I (Paris, Robert Laffont, 1993), p. 419

[345] NIETZSCHE (Friedrich).- *Œuvres Complètes*, I, *Humain trop humain I,* Caractères de haute et basse civilisation § 252, p. 576 (Paris, Robert Laffont, 1993)

[346] NIETZSCHE (Friedrich).- *Œuvres Complètes*, I, *Humain trop humain I,* Coup d'œil sur l'Etat § 450, p. 638 (Paris, Robert Laffont, 1993)

[347] NIETZSCHE (Friedrich).- *Œuvres Complètes*, I, *Humain trop humain II,* Le voyageur et son ombre § 6, p. 831 (Paris, Robert Laffont, 1993)

[348] NIETZSCHE (Friedrich).- *Œuvres Complètes*, I, *Humain trop humain II,* Le voyageur et son ombre § 6, p. 831 (Paris, Robert Laffont, 1993)

[349] NIETZSCHE (Friedrich).- *Œuvres Complètes*, I, *Aurore,* Livre quatrième § 298, p. 1125 (Paris, Robert Laffont, 1993)

[350] NIETZSCHE (Friedrich).- *Œuvres Complètes*, I, *Aurore,* Livre cinquième § 483, p. 1176 (Paris, Robert Laffont, 1993)

appelle B ; celle-ci dit la joie que lui cause tout ce qui est humain.

Le deuxième livre du Gai Savoir s'adresse aux êtres sobres. Ce paragraphe 57 est pour les réalistes. Mais Nietzsche les décrit comme des êtres passionnés et obscurs. En eux, pense-t-il, il y a de l'humain et de l'animal[351]. Qu'y a-t-il de plus humain, s'interroge Nietzsche ? Il répond par un aphorisme : *« C'est d'épargner la honte à quelqu'un »*[352]

Le perspectivisme nietzschéen est évoqué dans le livre cinquième du Gai Savoir Nietzsche fait état du grand frisson qui le prend devant le nouvel infini, devant le dieu inconnu. Mais dans sa logique, il y a trop de possibilités non divines d'interprétation qui font partie de cet inconnu, trop de diableries, de bêtises…sans compter, l'interprétation de Nietzsche qui est humaine, trop humaine[353].

La grande santé dont il est aussi question au livre cinquième du Gai savoir est, selon Nietzsche, une santé nouvelle, vigoureuse, aiguë, endurante et intrépide, plus joyeuse que la santé ordinaire. Cette nouvelle santé obéit à un autre idéal, *« celui d'un bien-être et d'une bienveillance humains-surhumains, un idéal qui apparaîtra souvent inhumain*[354]*. »*

En comparant le plus grand homme et le plus petit homme, Nietzsche a trouvé qu'ils se ressemblaient un peu trop. Et le plus grand homme était trop humain[355]. Dans l'avant propos de l'ouvrage Par-delà le bien et le mal,

---

351 NIETZSCHE (Friedrich).- *Œuvres Complètes*, II, *Le Gai Savoir,* Livre deuxième § 57, p. 87 (Paris, Robert Laffont, 1993)

352 NIETZSCHE (Friedrich).- *Œuvres Complètes*, II, *Le Gai Savoir,* Livre troisième § 274, p. 164 (Paris, Robert Laffont, 1993)

353 NIETZSCHE (Friedrich).- *Œuvres Complètes*, II, *Le Gai Savoir,* Livre cinquième § 374, p. 245 (Paris, Robert Laffont, 1993)

354 NIETZSCHE (Friedrich).- *Œuvres Complètes*, II, *Le Gai Savoir,* Livre cinquième § 382, p. 253 (Paris, Robert Laffont, 1993)

355 NIETZSCHE (Friedrich).- *Œuvres Complètes*, II, *Ainsi parlait Zarathoustra,* II Des prêtres, p. 354 (Paris, Robert Laffont, 1993)

Nietzsche dit qu'il est téméraire de généraliser des faits très menus, très personnels, très humains, très humains[356]. Un retour sur l'ouvrage Ainsi parlait Zarathoustra, permet de présenter le plus laid des hommes. *« C'est, écrit-il, quelque chose qui avait figure humaine et pourtant n'avait presque rien d'humain – quelque chose d'innommable[357]. ».*

Ce qui sépare les hommes profondément, dit Nietzsche, dans *Par-delà le bien et le mal*[358], c'est un sens et un degré différents de propreté. Face au saint, se dresse *« la malpropreté de ce qui est humain, trop humain[359]. »* ; face au « Dieu saint », il y a « la triste et folle bête humaine[360]. »

En conclusion, nous pouvons reprendre ce que Nietzsche disait à propos de *Humain trop humain* dans *Ecce Homo.* Pour lui, *Humain trop humain* est le monument commémoratif d'une crise. Il s'agit d'un livre pour les esprits libres. En l'écrivant Nietzsche pense s'être débarrassé de tout ce qu'il y avait en lui de sa vraie nature. Tout idéalisme lui est étranger. Face à tout ce qui est qu'idéalisme, lui ne voyait que des choses humaines, trop humaines. Nietzsche avoue connaître l'homme[361]. Si chez Nietzsche, être inhumain, c'est

---

[356] NIETZSCHE (Friedrich).- *Œuvres Complètes*, II, *Par-delà le bien et le mal,* Avant-propos, p. 559 (Paris, Robert Laffont, 1993)

[357] NIETZSCHE (Friedrich).- *Œuvres Complètes*, II, *Ainsi parlait Zarathoustra,* IV, le plus laid des hommes, p. 491 (Paris, Robert Laffont, 1993)

[358] NIETZSCHE (Friedrich).- *Œuvres Complètes*, II, *Par-delà le bien et le mal,* Qu'est-ce qui est noble ?§ 271, p. 723 (Paris, Robert Laffont, 1993)

[359] NIETZSCHE (Friedrich).- *Œuvres Complètes*, II, *Par-delà le bien et le mal,* Qu'est-ce qui est noble ?§ 271, p. 723 (Paris, Robert Laffont, 1993)

[360] NIETZSCHE (Friedrich).- *Œuvres Complètes*, II, *Par-delà le bien et le mal,* La faute, la mauvaise conscience§ 22, p. 833 (Paris, Robert Laffont, 1993)

[361] NIETZSCHE (Friedrich).- *Œuvres Complètes*, II, *Ecce Homo.* Pourquoi j'écris de si bons livres § 3, p. 1163 (Paris, Robert Laffont, 1993)

faire valoir une prérogative (en l'occurrence sociale) pour mépriser autrui, être humain, au contraire, c'est s'ouvrir aux diverses conditions humaines, toutes intéressantes en tant qu'elles représentent, pour notre moi, labile et plastique, autant de nouvelles expériences à intégrer, de nouvelles formes à explorer. Mais alors, que représente pour lui, l'humanité ?

DEUXIEME SECTION :
L'HUMANITE

A côté de toute l'histoire de la civilisation, *« la conception d'un dieu en devenir se dévoile, selon les termes de Nietzsche, de plus en plus dans les métamorphoses et les destinées de l'humanité*[362]*. »* L'humanité, poursuit-il, est belle[363], elle a en outre de puissantes sources de force[364]. L'ensemble de l'humanité a tendance à la génialité[365]. Nietzsche parle aussi d'humanité future[366].Il emploie l'expression ordinaire *« la marche générale de l'humanité*[367]*. »* Il fait remarquer que l'humanité peut fort bien périr et dessécher avant le temps, par la folie des moyens[368].

Dans Aurore, Nietzsche nous apprend que *« le chemin que prend l'humanité doit servir à prouver sa majesté et sa*

---

[362] NIETZSCHE (Friedrich).- *Œuvres Complètes*, I, *Humain trop humain* I. Caractères de haute et basse civilisation § 238, p. 569 (Paris, Robert Laffont, 1993)

[363] NIETZSCHE (Friedrich).- *Œuvres Complètes*, I, *Humain trop humain* I. Coup d'œil sur l'Etat § 463, p. 644 (Paris, Robert Laffont, 1993)

[364] NIETZSCHE (Friedrich).- *Œuvres Complètes*, I, *Humain trop humain* I. L'homme avec lui-même § 630, p. 687 (Paris, Robert Laffont, 1993)

[365] NIETZSCHE (Friedrich).- *Œuvres Complètes*, I, *Humain trop humain* II. Opinions et sentences mêlées § 185, p. 768 (Paris, Robert Laffont, 1993)

[366] NIETZSCHE (Friedrich).- *Œuvres Complètes*, I, *Humain trop humain* II. Opinions et sentences mêlées § 223, p. 781 (Paris, Robert Laffont, 1993)

[367] NIETZSCHE (Friedrich).- *Œuvres Complètes*, I, *Humain trop humain* II. Le voyageur et son ombre § 183, p. 898 (Paris, Robert Laffont, 1993)

[368] NIETZSCHE (Friedrich).- *Œuvres Complètes*, I, *Humain trop humain* II. Le voyageur et son ombre § 190, p. 902 (Paris, Robert Laffont, 1993)

nature divine[369]*.* » mais, pense-t-il, il n'en est rien. Car au bout du chemin se trouve l'urne funéraire du dernier homme qui enterre les morts. Au livre deuxième, Nietzsche pense que la raison de l'humanité croît avec une extraordinaire lenteur, si bien qu'il nie la progression générale de l'humanité[370]. Nietzsche ajoute une autre idée, au paragraphe suivant, en disant que les préceptes moraux ne favorisent pas le bien de l'humanité[371].

Dans le Gai Savoir, au livre premier, dans un paragraphe intitulé « Nos éruptions » Nietzsche dit « *qu'il y a une infinité de choses que l'humanité s'est appropriées pendant des stades antérieures, mais d'une façon si faible et si embryonnaire que personne n'a pu en percevoir l'appropriation, des choses qui, beaucoup plus tard, peut-être après des siècles, jaillissent soudain à la lumière : elles sont devenues fortes et mûres dans l'intervalle*[372]*.* » Mais Nietzsche ne s'arrête pas, pour autant dans son raisonnement. Il écrit : « *L'humanité périrait par ses jugements superficiels et sa crédulité, en un mot, par sa conscience*[373]*.* » Sans ce lien, l'humanité n'existerait plus depuis longtemps.

Le péché, pense Nietzsche n'est pas un manquement envers l'humanité[374]. Il ajoute que Dieu et l'humanité sont imaginés, ici séparés, tellement en opposition l'un avec l'autre, qu'au fond il est tout à fait impossible de pécher

---

369 NIETZSCHE (Friedrich).- *Œuvres Complètes*, I, *Aurore*. Livre premier § 49, p. 999 (Paris, Robert Laffont, 1993)

370 NIETZSCHE (Friedrich).- *Œuvres Complètes*, I, *Aurore*. Livre deuxième § 107, p. 1029 (Paris, Robert Laffont, 1993)

371 NIETZSCHE (Friedrich).- *Œuvres Complètes*, I, *Aurore*. Livre deuxième § 108, p. 1030 (Paris, Robert Laffont, 1993)

372 NIETZSCHE (Friedrich).- *Œuvres Complètes*, II, *Le Gai Savoir*. Livre premier § 9, p. 58 (Paris, Robert Laffont, 1993)

373 NIETZSCHE (Friedrich).- *Œuvres Complètes*, II, *Le Gai Savoir*. Livre premier § 11, p. 59 (Paris, Robert Laffont, 1993)

374 NIETZSCHE (Friedrich).- *Œuvres Complètes*, II, *Le Gai Savoir*. Livre troisième § 135, p. 136 (Paris, Robert Laffont, 1993)

contre cette dernière. Finalement Nietzsche veut soumettre l'humanité à l'exigence la plus dure de toutes celles qui ne lui ont jamais été imposées[375]. Pour Nietzsche, l'humanité elle-même, à force de se pénétrer du mensonge de la distinction entre monde vrai et monde de l'apparence, a été faussée et falsifiée jusque dans ses instincts les plus profonds[376]. Après la lecture de ces textes généraux de Nietzsche sur l'humanité, entrons dans les textes secondaires.

Le premier texte que nous lisons parle de l'humanité antérieure. Dans *Humain trop humain* il est fait mention d'elle[377]. Toujours dans ce même chapitre Nietzsche pense que Dieu ne dirige pas les destinées du monde. Personne ne sait, selon lui, le bien-être de l'humanité. Ses besoins n'obligent pas tous les hommes à accomplir des actes semblables. Nietzsche propose à l'humanité des devoirs spéciaux. Pour lui, l'humanité ne doit pas former un gouvernement universel conscient et marcher à sa perte. Il faut la remplacer par une civilisation supérieure[378]. En effet Nietzsche pense que l'humanité souffre partout sur la terre. Il veut espérer quelque chose de l'humanité dans son ensemble et, dans cette mesure, croire en la valeur de la vie. Mais peut-on croire et sentir en soi la conscience totale de l'humanité ? Et cela amène Nietzsche à conclure que l'humanité n'a dans l'ensemble aucun but, et par conséquent, l'homme, en

---

[375] NIETZSCHE (Friedrich).- *Œuvres Complètes*, II, *Ecce Homo Avant Propos*. I, p. 1111 (Paris, Robert Laffont, 1993)

[376] NIETZSCHE (Friedrich).- *Œuvres Complètes*, II, *Ecce Homo Avant Propos*. I, p. 1112 (Paris, Robert Laffont, 1993)

[377] NIETZSCHE (Friedrich).- *Œuvres Complètes*, I, *Humain trop humain* I. Des choses premières et dernières § 13, p. 449 (Paris, Robert Laffont, 1993)

[378] NIETZSCHE (Friedrich).- *Œuvres Complètes*, I, *Humain trop humain* I. Des choses premières et dernières § 25, p. 457 (Paris, Robert Laffont, 1993)

examinant sa marche totale, ne peut y trouver sa consolation, son repos, mais sa désespérance[379].

Une nouvelle habitude s'implante insensiblement en l'homme et elle est assez puissante pour donner à l'humanité la force de produire l'homme sage[380]. L'humanité arrive peut-être à moitié de sa route, à la moitié de son temps d'existence[381]. En outre toute l'humanité n'est qu'une phase de l'évolution d'une espèce déterminée d'animaux à durée limitée : en sorte que l'homme est venu du singe et redeviendra singe, sans qu'il n'y ait personne pour prendre quelque intérêt à ce bizarre dénouement de comédie[382].

La grande source du plaisir, à laquelle l'homme doit presque toute son humanité est la science qui se compose de la métaphysique, de la religion et de l'art consolateurs[383]. Mais Nietzsche a d'autres préoccupations : d'abord, il veut que la statue de l'humanité réussisse et s'achève[384]. Ensuite il souhaite que l'homme des temps futurs suive avec son

---

[379] NIETZSCHE (Friedrich).- *Œuvres Complètes*, I, *Humain trop humain* I. Des choses premières et dernières § 33, p. 462 (Paris, Robert Laffont, 1993)

[380] NIETZSCHE (Friedrich).- *Œuvres Complètes*, I, *Humain trop humain* I. Pour servir à l'histoire des sentiments moraux. § 107, p. 500 (Paris, Robert Laffont, 1993)

[381] NIETZSCHE (Friedrich).- *Œuvres Complètes*, I, *Humain trop humain* I. Caractères de haute et basse civilisation § 234, p. 566 (Paris, Robert Laffont, 1993)

[382] NIETZSCHE (Friedrich).- *Œuvres Complètes*, I, *Humain trop humain* I. Caractères de haute et basse civilisation § 247, p. 573 (Paris, Robert Laffont, 1993)

[383] NIETZSCHE (Friedrich).- *Œuvres Complètes*, I, *Humain trop humain* I. Caractères de haute et basse civilisation § 251, p. 575 (Paris, Robert Laffont, 1993)

[384] NIETZSCHE (Friedrich).- *Œuvres Complètes*, I, *Humain trop humain* I. Caractères de haute et basse civilisation § 258, p. 578 (Paris, Robert Laffont, 1993)

intelligence les immenses étapes de l'humanité antérieure[385]. Enfin, l'humanité doit, en présence de toute grande force – fût-ce la plus dangereuse – penser à s'en faire un outil pour servir ses desseins[386].

Pourtant, l'humanité a déjà vu périr bien des puissances organisatrices[387]. Il semble que pour Nietzsche, il n'y ait pas d'harmonie préétablie entre l'avancement de la vérité et le bien de l'humanité[388]. En outre, elle emploie sans ménagement tous les individus comme combustible pour chauffer ses grandes machines[389]. Nietzsche semble à la fin tenté de diviser l'humanité en une minorité (une minimalisé) d'hommes qui savent faire de peu, beaucoup, et une majorité de ceux qui savent faire de beaucoup fort peu[390]. Il suggère que l'humanité peut, dès maintenant, faire d'elle-même tout ce qu'elle veut[391], surtout que, pour lui, une bonne partie de l'humanité tend vers la génialité. C'est vers cette humanité supérieure que Nietzsche veut tous nous amener.

---

385 NIETZSCHE (Friedrich).- *Œuvres Complètes*, I, *Humain trop humain* I. Caractères de haute et basse civilisation § 292, p. 596 (Paris, Robert Laffont, 1993)

386 NIETZSCHE (Friedrich).- *Œuvres Complètes*, I, *Humain trop humain* I. Coup d'œil sur l'Etat § 446, p. 637 (Paris, Robert Laffont, 1993)

387 NIETZSCHE (Friedrich).- *Œuvres Complètes*, I, *Humain trop humain* I. Coup d'œil sur l'Etat § 472, p. 649 (Paris, Robert Laffont, 1993)

388 NIETZSCHE (Friedrich).- *Œuvres Complètes*, I, *Humain trop humain* I. L'homme avec lui-même § 517, p. 662 (Paris, Robert Laffont, 1993)

389 NIETZSCHE (Friedrich).- *Œuvres Complètes*, I, *Humain trop humain* I. L'homme avec lui-même § 585, p. 673 (Paris, Robert Laffont, 1993)

390 NIETZSCHE (Friedrich).- *Œuvres Complètes*, I, *Humain trop humain* I. L'homme avec lui-même § 627, p. 685 (Paris, Robert Laffont, 1993)

391 NIETZSCHE (Friedrich).- *Œuvres Complètes*, I, *Humain trop humain* II. Opinions et sentences mêlées § 179, p. 765 (Paris, Robert Laffont, 1993)

Son signe supérieur est cette humanité dans l'amitié et dans la maîtrise[392]. Celui qui considère l'humanité comme un troupeau et s'enfuit devant elle, pense Nietzsche, sera rejoint par ce troupeau qui lui donnera des coups de cornes[393]. Cette humanité grégaire qui est méprisée par certaines personnes peut-elle se réduire à l'humanité primitive ? Nietzsche semble ne donner aucune réponse dans Humain trop humain II[394].

En revanche il veut que l'humanité soit un jour un arbre qui ombrage la terre tout entière, avec plusieurs milliards de fleurs qui toutes deviennent des fruits. C'est pourquoi il faut dès maintenant préparer la terre à nourrir cet arbre[395]. Mais l'humanité elle-même, a-t-elle un caractère ? Nietzsche le pense et il va même dire que *« la moralité des mœurs...a fixé le caractère de l'humanité*[396]*. »*

L'humanité se sacrifie elle-même, à travers tous les sacrifices humains qui exaltent l'homme de tout temps. C'est ce que Nietzsche appelle la victoire sur la plus victorieuse, dans Aurore[397]. Ainsi le but de la morale est comme l'avancement et la conservation de l'humanité[398]. Aussi

---

[392] NIETZSCHE (Friedrich).- *Œuvres Complètes*, I, *Humain trop humain* II. Opinions et sentences mêlées § 231, p. 786 (Paris, Robert Laffont, 1993)

[393] NIETZSCHE (Friedrich).- *Œuvres Complètes*, I, *Humain trop humain* II. Opinions et sentences mêlées § 233, p. 786 (Paris, Robert Laffont, 1993)

[394] NIETZSCHE (Friedrich).- *Œuvres Complètes*, I, *Humain trop humain* II. Le voyageur et son ombre § 21 p. 840 (Paris, Robert Laffont, 1993)

[395] NIETZSCHE (Friedrich).- *Œuvres Complètes*, I, *Humain trop humain* II. Le voyageur et son ombre § 189 p. 901 (Paris, Robert Laffont, 1993)

[396] NIETZSCHE (Friedrich).- *Œuvres Complètes*, I, *Humain trop humain* II. Le voyageur et son ombre § 18 p. 982 (Paris, Robert Laffont, 1993)

[397] NIETZSCHE (Friedrich).- *Œuvres Complètes*, I, *Aurore*. § 45 livre premier, p. 998 (Paris, Robert Laffont, 1993

[398] NIETZSCHE (Friedrich).- *Œuvres Complètes*, I, *Aurore*. § 106, livre deuxième p. 1028 (Paris, Robert Laffont, 1993

l'humanité est-elle un préjugé dont tous les animaux en souffrent[399]. Nietzsche reproche à l'humanité ses erreurs sur son origine, sa situation unique et sa destinée, et ses exigences assises sur ses erreurs. Avec tous ses leviers, l'humanité s'est élevée très haut et elle s'est surpassée elle-même[400]. Mais elle a appris aussi à jouir du spectacle de la vie[401]. Il semble que pour Nietzsche, la passion de la connaissance fera peut-être périr l'humanité[402]. Car si la passion ne la fait pas périr, elle périra de faiblesse.

Au dessus de l'humanité, plane la folie, prête à éclater[403]. Peut-on alors parler d'avenir de l'humanité ? Nietzsche pense le contraire. Pour lui, on ne peut en parler qu'avec très peu de confiance[404]. L'humanité ne se rend pas compte que les choses ont changé. Ce vieux maître, l'ancienne humanité est restée dans la splendeur de sa couleur[405]. Face à cette ancienne humanité, Nietzsche propose l'humanité de l'avenir[406]. Cet homme d'avenir n'a jusqu'ici pas connu le bonheur d'un dieu, plein de puissance et d'amour : Nietzsche appelle ce bonheur divin, humanité[407]. Nietzsche nous invite

---

399 NIETZSCHE (Friedrich).- *Œuvres Complètes*, I, *Aurore*. § 333, livre quatrième p. 1135 (Paris, Robert Laffont, 1993

400 NIETZSCHE (Friedrich).- *Œuvres Complètes*, I, *Aurore*. § 425, livre cinquième p. 1156 (Paris, Robert Laffont, 1993

401 NIETZSCHE (Friedrich).- *Œuvres Complètes*, I, *Aurore*. § 426, livre cinquième p. 1157 (Paris, Robert Laffont, 1993

402 NIETZSCHE (Friedrich).- *Œuvres Complètes*, I, *Aurore*. § 429, livre cinquième p. 1159 (Paris, Robert Laffont, 1993

403 NIETZSCHE (Friedrich).- *Œuvres Complètes*, II, *Le Gai Savoir*. § 76, livre deuxième p. 95 (Paris, Robert Laffont, 1993

404 NIETZSCHE (Friedrich).- *Œuvres Complètes*, II, *Le Gai Savoir*. § 76, livre deuxième p. 95 (Paris, Robert Laffont, 1993

405 NIETZSCHE (Friedrich).- *Œuvres Complètes*, II, *Le Gai Savoir*. § 152, livre troisième p. 95 (Paris, Robert Laffont, 1993

406 NIETZSCHE (Friedrich).- *Œuvres Complètes*, II, *Le Gai Savoir*. § 337, livre quatrième p. 198 (Paris, Robert Laffont, 1993

407 NIETZSCHE (Friedrich).- *Œuvres Complètes*, II, *Le Gai Savoir*. § 337, livre quatrième p. 199 (Paris, Robert Laffont, 1993

à nous approcher de l'humanité avec une irritabilité érotique et une impatience amoureuse, d'une façon loyale et avec ardeur, car celle-ci est *« une horrible vieille, parmi toutes les horribles vieilles*[408]*. »*

Nietzsche interpelle dans le crépuscule des idoles, ceux qui veulent rendre l'humanité meilleure[409] ; ils doivent se placer *par delà le bien et le mal*, placer *au-dessous* d'eux l'illusion du jugement moral. Dans *la lettre du 29 mars 1887* à Theodor Fritsch, le rédacteur en chef de l'*Antisemitische Correspondenz*, et ami de Bernhard Förster et d'Elisabeth Förster Nietzsche, critique la mauvaise utilisation due à la falsification d'une notion aussi vague que la notion d'aryen[410]. Mais Nietzsche ajoute cette précision : *« L'humanité aryenne absolument pure, absolument primitive*[411]*...* » Mais Nietzsche s'en prend à l'humanité qui ne reconnaît pas ses bienfaiteurs[412].

Notre généalogiste pense dans son avant-propos de *l'Antéchrist*[413], qu'il faut être supérieur à l'humanité en force, et en hauteur d'âme, - en mépris. Un peu plus loin, Nietzsche dit se garder de rendre l'humanité responsable de ses

---

[408] NIETZSCHE (Friedrich).- *Œuvres Complètes*, II, *Le Gai Savoir*. § 377, livre cinquième p. 248 (Paris, Robert Laffont, 1993

[409] NIETZSCHE (Friedrich).- *Œuvres Complètes*, II, *Le Crépuscule des Idoles*. § 1, Ceux qui veulent rendre l'humanité meilleure p. 981 (Paris, Robert Laffont, 1993

[410] Note 2 in NIETZSCHE (Friedrich).- *Œuvres Complètes*, II, Notes de la page 983 à la page 987, p. 1398 (Paris, Robert Laffont, 1993

[411] NIETZSCHE (Friedrich).- *Œuvres Complètes*, II, *Le Crépuscule des Idoles*. § 4, Ceux qui veulent rendre l'humanité meilleure p. 983 (Paris, Robert Laffont, 1993

[412] NIETZSCHE (Friedrich).- *Œuvres Complètes*, II, *Le Crépuscule des Idoles*. § 44, Flâneries d'un inactuel p. 1018 (Paris, Robert Laffont, 1993

[413] NIETZSCHE (Friedrich).- *Œuvres Complètes*, II, *L'Antéchrist*. Avant-propos p. 1039 (Paris, Robert Laffont, 1993

maladies mentales[414]. Il poursuit, en affirmant que le plus grand crime contre l'humanité, le péché, cette forme de pollution par elle-même de l'humanité, « *a été inventé pour rendre impossible la science, la civilisation, toute élévation, toute noblesse de l'homme*[415]. »

Pour terminer, dans Ecce Homo, Nietzsche soutient que son humanité est une perpétuelle victoire sur lui-même[416] ; cette tâche noble prendra en main la plus belle de toutes les aventures, la discipline et le perfectionnement de l'humanité[417]. En effet, l'humanité, jusque-là, gouvernée par des déshérités qu'animent la ruse et la vengeance[418]. Cette humanité ne suit pas d'elle-même le droit chemin.

---

414 NIETZSCHE (Friedrich).- *Œuvres Complètes*, II, *L'Antéchrist*. § 38 p. 1071 (Paris, Robert Laffont, 1993

415 NIETZSCHE (Friedrich).- *Œuvres Complètes*, II, *L'Antéchrist*. § 49 p. 1085 (Paris, Robert Laffont, 1993

416 NIETZSCHE (Friedrich).- *Œuvres Complètes*, II, *Ecce Homo*. § 8 p. 1127 (Paris, Robert Laffont, 1993

417 NIETZSCHE (Friedrich).- *Œuvres Complètes*, II, *Ecce Homo*. Pourquoi j'écris de si bons livres § 4 p. 1156 (Paris, Robert Laffont, 1993

418 NIETZSCHE (Friedrich).- *Œuvres Complètes*, II, *Ecce Homo*. Pourquoi j'écris de si bons livres, Aurore § 2 p. 1168 (Paris, Robert Laffont, 1993

TROISIEME SECTION :
L'HUMANISME

PREMIERE SOUS-SECTION :
DEFINITION DE L'HUMANISME

L'entrée du mot *« humanisme »* dans la langue française date de l'année 1882 où il est homologué au Supplément du *Littré* sous cette double acception : *« 1) la culture des humanités ; 2) une théorie philosophique qui rattache les développements historiques de l'humanité elle-même ».* L'humanisme implique d'abord la transformabilité de la nature humaine, qui s'oppose à l'irrémédiabilité du péché originel. L'homme est prioritairement un animal qui se fait lui-même, et créer, c'est se créer soi-même. L'humanisme est aussi cette croyance qui affirme que l'homme a un but parce qu'il est son propre but. C'est une quête de soi de l'homme qui fixe sa temporalité propre.

Cette notion philosophique d'humanisme, selon Jean-Louis Dumas,[419] semble devoir trouver son sens au carrefour de deux lignes de signification : d'une part en effet, l'humanisme qualifie spécifiquement un mouvement socio-culturel trouvant son déploiement dans l'Europe au 16ème siècle et constituant une nouvelle anthropologie qui fait véritablement émerger la catégorie philosophique de l'individu ; d'autre part, et plus généralement, il désigne une prise de parti philosophique concernant le sujet, c'est-à-dire à la fois sa promotion théorique et sa défense éthique contre les risques d'oppression, d'aliénation.

---

[419] DUMAS(Jean-Louis).- « Humanisme » dans *Encyclopédie Philosophique Universelle* II, Les Notions philosophiques. (Paris, PUF 1990), p. 1171

Le second sens hérite du premier en ce qu'il réinvestit certaines de ses exigences et, récupère en les transformant et en les intégrant, à une réflexion originale ; certains de ses concepts déterminants : de l'humanisme renaissant, l'humanisme contemporain conserve essentiellement la foi en l'Homme. L'Homme se voit défini comme mesure de toutes choses, liberté, source des valeurs et des significations. Cependant, le concept de « *nature humaine* », mis en place par l'humanisme classique et désignant une essence stable pourvue d'attributs déterminés, se voit abandonné au profit de ceux de *« condition humaine », « liberté », « projet »,* qui mettent davantage l'accent sur le devenir humain et sur la capacité dynamique qu'a le sujet d'agir librement. Surtout, l'humanisme contemporain se sépare de l'humanisme renaissant en ce qu'il se fonde sur la *« mort de Dieu »,* proclamée au 19ème siècle, quoiqu'en un sens différent, par Feuerbach et Nietzsche : la mort de Dieu ouvre la possibilité à l'Homme de récupérer sa propre essence, aliénée par l'illusion religieuse, et détermine ainsi l'humanisme athée de Sartre, qui a été l'un des traits majeurs de tout un courant de la pensée moderne. Nietzsche, en revanche est humaniste, car son humanisme est fondé sur une réactualisation de la culture antique. En son sens fort, l'humanisme reconnaît une dignité à tout homme, quelle que soit sa condition, et entend résister à tout ce qui peut porter atteinte à cette dignité. Enfin, l'humanisme contemporain, faisant théoriquement de l'Homme la valeur suprême, entend lutter pratiquement contre tout ce qui pourrait l'appauvrir ou l'aliéner. Mais le nihilisme est-il un humanisme ?

Avant de se lancer dans une analyse du nihilisme de Nietzsche, il faut s'entendre sur ce terme galvaudé. Pour Christine Daigle,[420] le mot nihilisme ne veut pas dire que

---

[420] DAIGLE(Christine).- *Le christianisme est-il un humanisme ? Etude sur Nietzsche et Sartre*(Laval, Presses Universitaires de Laval, 2005), p. 95

négation, celle de l'existence de quelque chose, en général d'une valeur établie. Le nihilisme est un phénomène circonstanciel parce qu'il est toujours actif dans un domaine donné (métaphysique, éthique, esthétique...) et dans une période historique et une culture déterminées. Selon le domaine où il s'exerce, le nihilisme s'attaque aux plus hautes valeurs. Daigle s'intéresse au nihilisme en anthropologie. Ici elle distingue deux versions.

La première version s'attache à l'affirmation qui dit que l'être humain a une essence et, qu'il est possible de la déterminer; position soutenue par la tradition métaphysico-religieuse. Cette version a trait à la division entre immanence et transcendance. Selon cette version, le nihilisme extrême poserait que l'être humain n'a aucune essence, ni transcendante, ni immanente. Le nihilisme radical poserait que tout individu n'est qu'immanence que par son existence ; et enfin, le nihilisme modéré poserait que l'individu est une mixture d'essence et d'existence, de transcendance et d'immanence.

La deuxième version est dérivée de la première. Elle part du fait que la raison est considérée comme étant la marque distincte de l'être humain. Le nihilisme extrême pose, comme dans la première version, que rien ne détermine l'individu, ni la raison, ni autre chose. Le nihilisme radical pose que la partie irrationnelle de l'individu est ce qui le détermine : émotions, pulsions, instincts. Le nihilisme modéré dit que l'être humain est déterminé par l'ensemble que constituent dans leur réunion la raison et les éléments non rationnels que sont les émotions, pulsions.

Le nihilisme nietzschéen est, selon ses termes, un nihilisme complet. Il rejette, selon Daigle[421], la position

---

[421] DAIGLE (Christine).- *Le christianisme est-il un humanisme ? Etude sur Nietzsche et Sartre* (Laval, Presses Universitaires de Laval, 2005), p. 117

anthropologique de la tradition métaphysico-religieuse, d'abord celle qui pose que l'être humain a une essence déterminée par le transcendant. Nietzsche, qui pose que l'individu se fait, que l'existence précède l'essence, qu'il n'est pas déterminé, est donc un nihiliste radical de ce point de vue. Mais contre la deuxième position anthropologique qui pose que la raison est la marque distinctive de l'être humain, il présente un nihilisme modéré qui pose que l'humain est un être complexe, composé de raison et de pulsions et que chaque partie de son être est d'égale valeur.

L'éthique nietzschéenne est aussi un humanisme. De ce point de vue, Nietzsche rejette absolument toute transcendance, donc de tout lieu transcendant de validation des évaluations morales et rejet de toutes prescriptions imposées à l'individu du dehors. Cette éthique humaniste pose l'être humain comme étant le créateur de valeurs, celui qui fait les évaluations morales. Il s'instaure alors un certain relativisme moral, puisque l'être humain pose les valeurs individuellement. En plus d'être humaniste, cette éthique est immanentiste.

DEUXIEME SOUS-SECTION :

APPROFONDISSEMENT DU LIEN ENTRE HUMANISME ET RENAISSANCE

Pour Olivier Ponton qui s'est appesanti sur la question de l'inhumaine humanité des Grecs[422], Nietzsche s'est opposé avec force à l'humanisme chrétien. Il a critiqué la morale judéo-chrétienne, parce qu'elle culpabilise et avilit l'homme, l'incite à se mépriser lui-même, à se sentir pécheur, à avoir honte de ce qu'il est, et parce qu'elle standardise l'humanité, la transforme en sable en érodant les différences individuelles. Nietzsche, poursuit notre commentateur, critique l'idéalisme, au nom d'une idée de l'homme, donc d'une chimère, d'une abstraction, d'un néant, on dévalorise la réalité de l'homme. Selon Nietzsche, d'après notre auteur, il ne faut pas espérer que l'homme progresse et se rapproche ainsi indéfiniment d'une quelconque perfection, mais accepter l'homme, affronter, supporter l'homme tel qu'il est.

Notre enseignant de Lyon pense que Nietzsche crée la voie d'un humanisme nouveau, qui permettrait de se libérer du piège dans lequel est venu se prendre l'humanisme classique : le dégoût de l'homme. Car, il pense que l'humanisme nietzschéen est un humanisme sceptique, anti-idéaliste et réaliste[423]. Cet humanisme consiste à prendre le risque de ce que Zarathoustra appelle le dégoût de l'homme,

---

[422] PONTON (Olivier).- « L'inhumaine humanité des Grecs ou comment surmonter le dégoût de l'homme » in *Noesis* n° 10, *Nietzsche et l'humanisme*, 2006, *Revue philosophique du Centre de Recherches d'Histoire des Idées de l'Université de Nice* n° 10, *Nietzsche et l'humanisme*, 2006, p. 29H

[423] PONTON (Olivier).- « L'inhumaine humanité des Grecs ou comment surmonter le dégoût de l'homme » in *Noesis* n° 10, *Nietzsche et l'humanisme*, 2006, *Revue philosophique du Centre de Recherches d'Histoire des Idées de l'Université de Nice* n° 10, *Nietzsche et l'humanisme*, 2006, p. 30

en affrontant ce *Menschliches* que la tradition métaphysique nous avait appris à soigneusement ignorer. En effet, cet humanisme consiste d'abord à retrouver et affronter la réalité des « choses humaines » (le '*Menschliches*', grâce notamment à une intelligence plus rigoureuse de l'Antiquité grecque. Ensuite, cet humanisme consiste à prendre en compte ce que Nietzsche appelle les 'choses trop humaines' (l'*Allzumenschliches*), comme ce dont il faut se libérer et se purifier. Enfin il consiste à affirmer malgré toutes ces choses trop humaines (par le rire et par la fête).

Nietzsche distingue deux formes d'humanité : celle du *Menschliche* (L'humain de l'anthropologue) et celle de l'*Humane* (l'humain de l'humaniste). Selon Nietzsche, les Grecs sont plus humains d'un point de vue anthropologique, mais inhumains au sens humaniste du terme[424]. Il nous faut à présent montrer le lien entre cet humanisme nietzschéen et la Renaissance.

C'est une citation de Nietzsche dans Humain trop humain I qui attire notre attention : « *La Renaissance italienne recélait en elle toutes les forces positives auxquelles nous devons la civilisation moderne : par exemple, affranchissement de la pensée, mépris des autorités, triomphe de la culture sur l'orgueil de la lignée, enthousiasme pour la science et la pensée scientifique des hommes, libération de l'individu, flamme de la véracité et aversion pour l'apparence et le simple semblant(...) ; bien plus, la Renaissance avait des forces positives, qui dans notre civilisation moderne, ne sont pas jusqu'ici parvenues de*

---

424 PONTON (Olivier).- « L'inhumaine humanité des Grecs ou comment surmonter le dégoût de l'homme » in *Noesis* n° 10, *Nietzsche et l'humanisme*, 2006, *Revue philosophique du Centre de Recherches d'Histoire des Idées de l'Université de Nice* n° 10, *Nietzsche et l'humanisme*, 2006, p. 35

nouveau à la même puissance. Ce fut l'âge d'or de ce millénaire, en dépit de toutes ses taches et de ses vices[425]*.* »

La question de la Renaissance italienne est, au dire de Gonthier Thierry, la question d'une civilisation haute, des conditions de son émergence, des causes de son déclin, de sa valeur en regard d'autres civilisations et, enfin et surtout, du projet qu'elle porte peut-être de médication pour la civilisation européenne « basse » et de fondation d'une nouvelle civilisation[426]. C'est sur cette question de la civilisation que Nietzsche croise Burckhardt.

Nietzsche reprend des idées chères à cet historien comme la naissance de l'individualisme et l'ambition démesurée des humanistes. Il reprend aussi à son compte le projet même de l'éducation humaniste qui est de reformer l'ensemble de la vie humaine à partir de la référence à la culture antique. Nietzsche est séduit également par l'intensité des passions et la vitalité des instincts chez les hommes de la Renaissance. Borgia lui sert alors de modèle pour l'humanité supérieure. Mais quel crédit accorder à Nietzsche, lorsqu'il déclare prolonger la Renaissance ?

Bouriau Christophe nous invite à réfléchir sur l'attachement de Nietzsche à la Renaissance et au thème de la métamorphose[427]. Selon cet universitaire de Nancy-2, la question qui se pose à la Renaissance, est celle de savoir

---

425 NIETZSCHE (Friedrich).- *Œuvres Complètes*, I, *Humain trop humain I.* Caractères de haute et basse civilisation, § 237(Paris, Robert Laffont, 1993)

426 GONTHIER (Thierry).- « Nietzsche, Burckhardt et la question de la Renaissance » in *Noesis* n° 10, *Nietzsche et l'humanisme*, 2006, *Revue philosophique du Centre de Recherches d'Histoire des Idées de l'Université de Nice* n° 10, *Nietzsche et l'humanisme*, 2006, p. 49

427 BOURIAU (Christophe).- « La valeur de la métamorphose, Nietzsche, Pic de la Mirandole » in *Noesis* n° 10, *Nietzsche et l'humanisme*, 2006, *Revue philosophique du Centre de Recherches d'Histoire des Idées de l'Université de Nice* n° 10, *Nietzsche et l'humanisme*, 2006, p. 73

comment opérer *« la transvaluation des valeurs chrétiennes »* Nietzsche pense trouver la réponse dans les valeurs nobles de la Renaissance : enthousiasme pour l'Antiquité, mise en valeur du corps, de la beauté plastique, de la créativité, sens de la fête, quête d'un perfectionnement de soi et d'un bonheur terrestre, indépendance d'esprit… Parmi ces valeurs nobles qui affirment la vie, Nietzsche accorde une importance particulière à la métamorphose, entendue comme recréation incessante de soi.

Cette idée de la métamorphose est empruntée par Nietzsche à Pic de la Mirandole et comme lui, il souligne la labilité et la plasticité foncière de l'humain, en recourant régulièrement à la métaphore du sculpteur ou de l'artiste. Il écrit à ce sujet : *« L'homme est pour lui une chose informe, une matière, une laide pierre qui a besoin du statuaire*[428]*. ».*

Pour Nietzsche également, le privilège de l'homme par rapport aux autres êtres est qu'il se donne à lui-même sa propre forme, puisqu'il est à la fois, la matière, la glaise, initialement indéterminée, et le sculpteur qui informe cette matière : *« En l'homme, créature et créateur se trouvent réunis. L'homme est matière, fragment, superflu, argile, boue, sottise, chaos, mais il est aussi créateur, sculpteur, marteau impitoyable, et divinité qui au septième jour contemple son œuvre – comprenez-vous ce contraste*[429] *? »*

Le fait d'unir en lui créature et créateur constitue pour l'homme, un atout, un avantage, un privilège par rapport à Dieu lui-même. Seul l'homme peut remodeler, aménager sans cesse cette glaise qui lui est impartie, tout en demeurant homme, tandis que Dieu, qualifié à maintes reprises d'immuable par Nietzsche, est condamné à rester le même.

---

[428] NIETZSCHE (Friedrich).- *Œuvres Complètes*, II, *Ecce Homo. Pourquoi j'écris de si bons livres.* Ainsi parlait Zarathoustra § 8, p. 1180, (Paris, Robert Laffont, 1993)

[429] NIETZSCHE (Friedrich).- *Œuvres Complètes*, II, *Par-delà le bien et le mal.* Nos vertus § 225, p. 672, (Paris, Robert Laffont, 1993)

Nietzsche reprend deux traits à Pic de la Mirandole : d'abord, l'homme n'a pas de propre ; ensuite, sous l'angle de la métamorphose, il est supérieur à Dieu lui-même. En effet, l'homme est l'animal dont le caractère propre ne s'est pas encore fixé, selon Nietzsche, dans *Par-delà bien et mal*[430]. Autrement dit, sa forme n'est pas définie une fois pour toutes, mais peut évoluer au fil du temps.

Nietzsche s'oppose à Pic de la Mirandole, quand il affirme dans le *Zarathoustra*, dans le chapitre sur *« dans les îles bienheureuses »*, que le salut de l'homme ne réside pas dans l'union à Dieu, mais au contraire dans l'effort pour cultiver ce qui nous sépare de Dieu. Le Dieu chrétien, selon Nietzsche, est un mauvais exemple pour l'homme. C'est un exemple inhumain, c'est-à-dire qui détourne l'homme de sa véritable dignité et destinée, qui est la création et la métamorphose. La notion du Dieu chrétien contient, selon Nietzsche, le contraire de ce que l'homme doit assumer. Elle contient toutes les valeurs nihilistes : l'immuabilité, la satisfaction (stérilisante), l'incapacité de périr à soi pour renaître sous des formes neuves.

En outre, Pic de la Mirandole envisage la métamorphose, c'est-à-dire la puissance d'adopter telle ou telle forme de vie, comme une simple capacité ou possibilité proprement humaine. Pour lui, l'homme atteint sa suprême dignité, non dans l'exploration de diverses formes de vie, mais dans son union à Dieu. Cette union, qui est l'unique but de nos efforts, précise, Jean Pic de la Mirandole, nous rend digne de la divinité que nous portons en nous. Tandis que les autres espèces finies ont l'homme pour fin (au sens où elles lui sont subordonnées), l'homme a pour fin ultime de se diviniser, en s'unissant à Dieu par la contemplation intellectuelle.

---

[430] NIETZSCHE (Friedrich).- *Œuvres Complètes*, II, *Par-delà le bien et le mal.* L'être religieux § 62, p. 611, (Paris, Robert Laffont, 1993)

A l'inverse, Nietzsche valorise la métamorphose pour elle-même, sans privilégier une forme particulière de vie. Il enjoint l'homme, non pas de se fixer sur une forme, fut-elle divine, mais d'explorer une pluralité de formes. A cet égard, Nietzsche apparaît comme le digne successeur de Montaigne.

A l'instar de Montaigne, Nietzsche valorise la capacité proprement humaine de métamorphose et fonde cette capacité sur une vie forte, sur une grande santé. Il dénonce les comportements figés qui alourdissent et étouffent l'existence dans ce qu'elle a de proprement humain. En effet, la grande santé, c'est non seulement la souplesse, c'est aussi la surabondance, l'excès de force, qui lui permet de ne pas se ménager, d'accepter le risque de tel ou tel changement de régime. C'est une santé plus vigoureuse, plus aiguë, plus endurante, plus intrépide, qui donne la force de faire le tour de toutes les valeurs, de tous les désirs, de toutes les côtes de Méditerranée, de toutes les expériences.

CONCLUSION PARTIELLE

En conclusion de cette partie, chez Nietzsche, il faut lutter contre tout ce qui peut empêcher l'affirmation d'une existence humaine souple et variée. Notre auteur dénonce ce qui contrarie le mouvement de la vie, tout ce qui ressemble à la décomposition, à l'abaissement, à la convalescence, à l'aveuglement, à l'oubli momentané de soi, qui sont autant d'exténuations de la vie.

En prônant un dépassement de l'homme par lui-même, Nietzsche stigmatise de ce fait l'humaine condition qu'il juge trop humaine.

Ce n'est pas l'humanité qui est digne selon lui, mais la surhumanité qu'elle recèle. Si Nietzsche est assurément un grand Renaissant, il est néanmoins en rupture avec l'humanisme.

TROISIEME CHAPITRE :

LE SURHOMME

INTRODUCTION PARTIELLE

A la séance du 19 Mai 2001, de la réunion de la société française de philosophie, le Professeur Jean-François Marquet a défini le surhomme en ces termes : « *La réponse, à la fois claire et énigmatique, nous est donnée par un fragment de l'hiver 1882 : 'le moi d'abord au sein du troupeau. En opposition à cela : dans le Surhomme, le tu de nombreux moi issus de maints millénaires est devenu Un (donc les individus sont maintenant fondus en Un.' Le Surhomme est donc un moi (ou le Moi qui somme, synthétise, justifie tous les tu passés en les récapitulant ; on peut donc l'appeler le solitaire ou le parfait ego, mais tout aussi bien l'homme synthétique, l'homme total, vis-à-vis duquel tous les autres ne sont, dira Zarathoustra, que fragment et hasard.*[431] » ; Zarathoustra annonce clairement le surhomme comme l'avenir de l'homme et esquisse de manière très zoroastrienne une vision globalisante de l'histoire.

Le Surhomme affranchi de tout type, l'individu final et récapitulatif qui est à la fois le plus vieux et le plus jeune des vivants – celui-là tendra de plus en plus à s'identifier au destin même de Nietzsche, de celui qui pouvait dire : « Je suis la solitude faite homme », et c'est en moi que tombe la plus haute affirmation de la vie, en réponse à la plus haute négation prêchée par le christianisme.

Le Surhomme est de manière absolue héritier et enfant, innocence et oubli, jeu, mouvement premier, oui sacré ; il ne

---

[431] MARQUET(jean-François).- *L'individu chez Nietzsche : Décadence et Récapitulation*, séance du 19 Mai 2001 Bulletin de la Société française de Philosophie n° 3 (Paris, Vrin 2001), p. 15

veut pas au-delà de lui-même, mais se tient dans un maintenant ponctuel qui, n'ayant plus à passer, ne peut que revenir à l'infini. Le Surhomme sera cet Instant : la singularité accomplie est un événement. Mais cette pensée du Surhomme est toujours obscure, lorsqu'on essaie de la penser à l'indicatif, alors qu'elle est une pensée à l'impératif.

PREMIERE SECTION :

LA NOTION DE SURHOMME

Une remarque importante s'impose d'entrée de jeu : Nietzsche parle du Surhomme dans une seule de ses œuvres avant le Zarathoustra. Il s'agit du Gai Savoir. En effet, écrit-il : « *L'invention de dieux, de héros, de toutes sortes de Surhommes*[432]... » Ce terme « Surhommes » se dit en allemand die *Übermenschen,* au pluriel et au singulier *Übermensch.* Certains auteurs comme Albert traduisent « surhumain », alors que l'usage en France a retenu le terme « surhomme ». Dans la récente traduction italienne de Bäumler, *Übermensch* est rendu, non par le traditionnel « *superuomo* » (surhomme), mais par « *sovrauomo* » (archi-homme). Notons aussi la traduction chère à Vattimo d' « *oltreuomo* »(outre-homme).

C'est une des premières apparitions du terme « Surhomme » chez Nietzsche, si l'on fait abstraction d'une formule essentiellement politique dans Humain trop Humain où Nietzsche écrit : *« Partout où l'on s'efforce d'élever des hommes individuellement au surhumain naît aussi le penchant à représenter des couches entières du peuple comme plus grossières et plus basses qu'elles ne sont en réalité*[433]. » Il est intéressant de constater qu'ici ce terme est associé aux dieux et aux demi-dieux ou « héros » de la religion polythéiste grecque, ainsi qu'à tous les êtres fabuleux que celle-ci a pu également inventer (centaures à corps de cheval, satyres impudiques de la suite de Dionysos) et qui

---

[432] NIETZSCHE (Friedrich).- *Œuvres Complètes*, II, *Le Gai Savoir. Livre troisième* n° 143, p. 139,(Paris, Robert Laffont, 1993)

[433] NIETZSCHE (Friedrich).- *Œuvres Complètes*, I, *Humain trop humain I. Coup d'œil sur l'Etat 461* p. 643, (Paris, Robert Laffont, 1993)

sont qualifiés de *Nebenmenschen* et de *Untermenschen* (êtres en marge ou au-dessous de l'humain).

Il y a aussi un autre emploi du Surhomme, dans un aphorisme dans Aurore où Nietzsche parle des passions « Surhumaines » en ces termes : *« Par de telles transformations, beaucoup d'hypocrisie et de mensonge s'est chaque fois introduit dans le monde : chaque fois aussi, et à ce prix seulement, une conception surhumaine nouvelle qui élève l'homme*[434]*. »*

L'Übermensch qui se crée ses propres idéaux est opposé un peu plus loin à l' *« homme normal »* (*Normalmensch*) du monothéisme. *Ecce homo* définit le « surhomme » en ces termes : *« Le mot 'surhomme', par exemple, qui désigne un type de perfection absolue, en opposition avec l'homme 'moderne', l'homme 'bon*[435]*', avec les chrétiens et d'autres nihilistes, lorsqu'il se trouve dans la bouche d'un Zarathoustra, le destructeur de la morale, prend un sens qui donne beaucoup à réfléchir*[436]*. »*

Dans le Zarathoustra spécialement, au Prologue troisième, Zarathoustra enseigne au peuple le Surhomme[437]. Le Surhomme est ce qui doit surmonter l'homme. L'individu souverain, qui sait qu'il ne peut vivre que par sa nature, et qui voit son but personnel dans une organisation de sa vie conforme à son être, est pour Nietzsche, le Surhomme par opposition à l'homme, qui croit que la vie lui est offerte pour servir une fin extérieure à lui-même.

---

[434] NIETZSCHE (Friedrich).- *Œuvres Complètes*, I, *Aurore. Livre premier* § 27 p. 987, (Paris, Robert Laffont, 1993)

[435] NIETZSCHE (Friedrich).- *Œuvres Complètes*, II, *Pourquoi je suis un destin.* § 5 p. 1195, (Paris, Robert Laffont, 1993)

[436] NIETZSCHE (Friedrich).- *Œuvres Complètes*, II, *Pourquoi j'écris de si beaux livres.* § 1 p. 1146, (Paris, Robert Laffont, 1993)

[437] NIETZSCHE (Friedrich).- *Œuvres Complètes*, II, *Ainsi parlait Zarathoustra I. Prologue 3* p. 292, (Paris, Robert Laffont, 1993))

Le Surhomme, c'est-à-dire l'homme qui sait vivre conformément à la nature, voilà ce qu'enseigne Zarathoustra. Il enseigne que le Surhomme est le sens de la terre, et récuse les espoirs supraterrestres, qui, après avoir blasphémé le ciel, viennent maintenant blasphémer la terre. Il est aussi cet océan ; en lui peut s'abîmer le plus grand mépris de l'homme.

Il apprend aux hommes à considérer leurs vertus comme leurs propres œuvres ; il leur demande de mépriser ceux qui estiment leur vertu plus qu'eux-mêmes. Le Surhomme est aussi cet éclair, cette flèche, cette folie et ce désir, qui récuse les fausses sagesses pour apporter un enseignement nouveau aux hommes. Il est l'éclair du sombre nuage homme[438].

Nietzsche n'a qu'un désir et un amour: mettre au monde le Surhomme[439]. Sa tristesse et son amitié pour un ami doivent être celle du Surhomme.[440] Pour cela il doit parler autrement. Ce Surhomme est un nouveau matin[441]. Le Surhomme, dans les îles bienheureuses, est ce qui a pris la place de Dieu[442]. Nietzsche invite ses disciples, ses frères comme il les appelle à se transformer en pères et en ancêtres du Surhomme. C'est cela leur meilleure création. Il extasie, ensuite, devant la beauté du Surhomme qui le visite comme une ombre. Au paragraphe 335 du <u>*Gai Savoir*</u>, Nietzsche

---

[438] NIETZSCHE (Friedrich).- *Œuvres Complètes*, II, *Ainsi parlait Zarathoustra I. Prologue* 7 p. 297, (Paris, Robert Laffont, 1993)

[439] NIETZSCHE (Friedrich).- *Œuvres Complètes*, II, *Ainsi parlait Zarathoustra I. Des vieilles et jeunes* p. 333, (Paris, Robert Laffont, 1993)

[440] NIETZSCHE (Friedrich).- *Œuvres Complètes*, II, *Ainsi parlait Zarathoustra I. Des vieilles et jeunes* p. 333, (Paris, Robert Laffont, 1993)

[441] NIETZSCHE (Friedrich).- *Œuvres Complètes*, II, *Ainsi parlait Zarathoustra I. De la vertu qui donne* p. 343, (Paris, Robert Laffont, 1993)

[442] NIETZSCHE (Friedrich).- *Œuvres Complètes*, II, *Ainsi parlait Zarathoustra II. Dans les îles bienheureuses* p. 347, (Paris, Robert Laffont, 1993)

définit l'homme de l'avenir ou Surhomme, comme celui qui incessamment se crée lui-même. Comment entendre cette autocréation ? Comme la capacité de surmonter toute fixation, comme la volonté curieuse d'endosser de nouvelles compétences, activités et valeurs. Le Surhomme nietzschéen est prêt à endosser les statuts et les formes de vie les plus contrastées, moins intéressé par le contenu même de chacune d'entre elles que par l'exploration de ses propres virtualités. Dans cette optique l'imagination, comme moyen de la métamorphose, joue un rôle décisif.

Dans le texte intitulé « des prêtres », Nietzsche soutient qu'il n'y a jamais eu de Surhomme[443]. Nietzsche fait ensuite le lien entre le Surhomme et la période voltarienne lorsqu'il confesse que le Surhomme, le plus grand des hommes est trop humain. Dans les poètes, Nietzsche qualifie le Surhomme de baudruche multicolore[444]. Notre généalogiste dit être attiré vers le Surhomme. C'est là sa seconde volonté[445]. Il ajoute un peu plus loin : *« Pour que le surhomme ait un dragon, le Surdragon qui soit digne de lui : il faut que beaucoup d'ardents soleils réchauffent les humides forêts vierges[446]. »* .Ainsi le Surhomme sera épouvantable par sa bonté. En définitive, il semble que Nietzsche soit fatigué des hommes supérieurs. Ces hommes

---

[443] NIETZSCHE (Friedrich).- *Œuvres Complètes*, II, *Ainsi parlait Zarathoustra II. Des prêtres* p. 354, (Paris, Robert Laffont, 1993)

[444] NIETZSCHE (Friedrich).- *Œuvres Complètes*, II, *Ainsi parlait Zarathoustra II. Les poètes* p. 383, (Paris, Robert Laffont, 1993)

[445] NIETZSCHE (Friedrich).- *Œuvres Complètes*, II, *Ainsi parlait Zarathoustra II. De la sagesse des hommes* p. 395, (Paris, Robert Laffont, 1993)

[446] NIETZSCHE (Friedrich).- *Œuvres Complètes*, II, *Ainsi parlait Zarathoustra II. De la sagesse des hommes* p. 396, (Paris, Robert Laffont, 1993)

supérieurs sont les maîtres d'aujourd'hui et ceux-ci sont les plus grands dangers du Surhomme[447].

Zarathoustra désire monter plus haut, vers le Surhomme[448]. Il veut montrer tous les échelons et tous les ponts qui mènent au Surhomme[449]. Finalement, le Surhomme est un mot ramassé qui contient la doctrine suivante : *« L'homme est quelque chose qui doit être surmonté*[450]. » Nietzsche veut à présent que le Surhomme vive[451], parce que tous les dieux sont morts. Telle est sa dernière volonté. A la fin de son Zarathoustra Nietzsche peut penser qu'à chaque minute, l'homme est surmonté, l'idée du Surhomme est devenue ici la plus haute réalité[452].

Le Surhomme est l'homme de la naissance et de l'origine en tant qu'il entame, pour celui qui veut être le premier homme, le lent processus de création qui, du chaos, aboutit à la formation d'une étoile dansante.

---

447 NIETZSCHE (Friedrich).- *Œuvres Complètes*, II, *Ainsi parlait Zarathoustra IV. De l'homme supérieur* p. 511, (Paris, Robert Laffont, 1993)

448 NIETZSCHE (Friedrich).- *Œuvres Complètes*, II, *Ainsi parlait Zarathoustra II. De la sagesse des hommes* p. 397, (Paris, Robert Laffont, 1993)

449 NIETZSCHE (Friedrich).- *Œuvres Complètes*, II, *Ainsi parlait Zarathoustra I.* Prologue 9, p. 300, (Paris, Robert Laffont, 1993)

450 NIETZSCHE (Friedrich).- *Œuvres Complètes*, II, *Ainsi parlait Zarathoustra I. Du pâle criminel* p. 311, (Paris, Robert Laffont, 1993)

451 NIETZSCHE (Friedrich).- *Œuvres Complètes*, II, *Ainsi parlait Zarathoustra I.* De la vertu qui donne § 3 p. 344, (Paris, Robert Laffont, 1993)

452 NIETZSCHE (Friedrich).- *Œuvres Complètes*, II, *Pourquoi j'écris de si beaux livres.* § 6 p. 1177, (Paris, Robert Laffont, 1993)

DEUXIEME SECTION

SURHUMANISME DE L'HOMME ET HUMANISME DU SURHOMME

L'homme apparaît chez Nietzsche, comme un être ambigu, une créature hybride, qui n'est ni ange, ni bête, mais hésitant toujours entre ces deux extrêmes, une synthèse improbable d'humanité et d'humanité ; comme si la véritable humanité se moquait de l'humanité, parce que l'homme est l'animal dont la nature n'est pas encore fixée. Il apparaît comme une improbable chimère, parce qu'il est tout entier généalogie et histoire.

Le christianisme que Nietzsche critique, a toujours lutté, selon ses termes, au rapetissement de l'homme, à sa dénaturalisation. En cherchant à moraliser l'homme, cette religion du Christ a réussi à le mettre en contradiction avec lui-même, à le séparer de son animalité première. Finalement, elle a creusé un abîme entre l'homme et la nature en faisant de lui, le centre de la création, sa véritable raison d'être. Mais qu'est-ce que l'homme chez Nietzsche ?

Il est un pont, une transition et non une fin. Nietzsche cherche à ennoblir l'homme, à le rendre plus fort, plus profond, plus méchant. D'après Nietzsche, l'homme passe infiniment l'homme : un abîme sépare ainsi le dernier homme, l'homme fragmentaire, servile, du surhumain, l'homme complet, souverain.

Nietzsche fait du surhumain, le sens et la raison d'être de l'humain, pour montrer que le nihilisme n'est pas une fatalité, qu'il peut et doit être surmonté. Ainsi le surhumain sert ainsi d'horizon non tant de l'attente messianique que de l'action présente. Il faut vouloir le surhumain pour le rendre possible, il faut créer cet avenir pour le moins incertain.

Pour Yannis Constantinidès[453], le surhumain est, en définitive, l'homme complet, souverain, qui non seulement ne cherche pas à faire table rase du passé, mais assume pleinement la responsabilité de l'ensemble de l'histoire. Libre d'esprit, il n'est ni asservi aux jugements moraux dominants et les grands mots de la vertu lui répugnent. Il vit dangereusement, rejetant toute forme de confort, avant tout le conformisme et les diverses consolations. Le surhumain doit accomplir la vaste synthèse de pulsions contradictoires. C'est ce qui fait dire à Keith Ansell-Pearson[454] que le surhumain renvoie chez Nietzsche à la tâche d'incorporation de la vérité et de la connaissance, par laquelle nous devons, presque littéralement, nous constituer comme nouveaux corps de connaissance.

---

453 CONSTANTINIDES(Yannis).- « Le désert croît…Nietzsche et l'avilissement de l'homme » in *Noesis* n° 10, *Nietzsche et l'humanisme*, 2006, *Revue philosophique du Centre de Recherches d'Histoire des Idées de l'Université de Nice* n° 10, *Nietzsche et l'humanisme*, 2006, p. 126

454 ANSELL-PEARSON(Keith).- « Une nouvelle approche du surhumain » in *Noesis* n° 10, *Nietzsche et l'humanisme*, 2006, *Revue philosophique du Centre de Recherches d'Histoire des Idées de l'Université de Nice* n° 10, *Nietzsche et l'humanisme*, 2006, p. 164

CONCLUSION PARTIELLE

Pour conclure, nous voulons nous arrêter au dépassement de l'homme. En effet, ne nous laissons pas entraîner par un élan trop optimiste. Délivré de Dieu, l'homme s'élèvera…à moins qu'il ne rapetisse.

Nietzsche ne s'est pas payé de mots ; il ne s'est pas dissimulé le danger très réel et très grave d'une dégénérescence du type homme, consécutive à la perte de la foi, dégénérescence pire que celle qu'engendra le christianisme, et irrémédiable. Dans un univers débarrassé de Dieu et des valeurs morales, l'homme va désormais vivre solitaire et sans maître.

Ayant annoncé la mort de Dieu, la victoire sur la morale, et le Retour Eternel, Nietzsche annonce la venue du Surhomme.

Soit comme projection de notre être virtuel, soit comme être réalisé, le Surhomme par sa beauté transfigure l'existence et nous attire irrésistiblement. La joie l'illumine, signe indubitable qu'une forme de la vie nouvelle et pleinement réussie vient d'être découverte. Depuis que la beauté du Surhomme l'a visité en secret, Zarathoustra connaît le seul but véritable, la seule espérance vraiment réconfortante. Sa vision lui a révélé, à lui, le Précurseur, l'être parfaitement réussi dans la puissance, la splendeur et la joie justifiant l'existence en la transfigurant.

CONCLUSION GENERALE

Gilles Lipovetsky a dressé, d'une façon remarquable, le portrait de l'homme. Dans l'un de ses best-sellers, intitulé, Les temps modernes, il n'a cessé d'explorer en détail les multiples facettes de l'individu contemporain : le règne inédit de la mode, les métamorphoses de l'éthique, mais aussi la nouvelle économie des sexes, l'explosion du luxe et les mutations de la société de consommation[455].

A côté de ces travers, Lipovetsky constate chez l'homme moderne, un réinvestissement d'un certain nombre de sentiments et de valeurs traditionnels : le goût de la sociabilité, le bénévolat, l'indignation morale, la valorisation de l'amour[456]. Il apparaît quelque chose comme un approfondissement humaniste de l'individualisme. La vision de cet auteur est une lecture complexe et plurivoque de la modernité.

Mais celle-ci ne débouche pas sur une vision idyllique de notre présent. Celle-ci est et reste paradoxal, pour les acteurs comme pour les interprètes : si l'hyperconsommation semble compatible avec les valeurs de l'humanisme, elle n'est certainement pas la panacée du bonheur de l'humanité. Comme le souligne notre auteur, « l'individu hyper contemporain, plus autonome, est aussi plus fragile que jamais au fur et à mesure que les promesses et les exigences qui le définissent se font plus vastes et massives. La liberté, le confort, la qualité et l'espérance de vie n'ôtent rien au tragique de l'existence ; ils en rendent au contraire le scandale plus cruel. Mais le travers le plus saillant de cette

---

455 LIPOVETSKY(Gilles)et CHARLES(Sébastien).- *Les temps hypermodernes*(Paris, Grasset et Fasquelle 2004), p. 7

456 LIPOVETSKY(Gilles)et CHARLES(Sébastien).- *Les temps hypermodernes* (Paris, Grasset et Fasquelle 2004), p. 8

société est la mort de l'homme qui fait suite à la mort de Dieu. Ici Gilles Deleuze, un grand commentateur de Nietzsche est très percutant dans son ouvrage sur Foucault.

Deleuze pense *« (qu'on) défigure Nietzsche quand on en fait le penseur de la mort de Dieu*[457]. » Selon notre auteur, Nietzsche pense que Dieu est une vieille histoire ; et comme les vieilles histoires ont pour propre de multiplier leurs variantes, Nietzsche multiplie les versions de la mort de Dieu, toutes comiques ou humoristiques, comme autant de variations sur un fait acquis. Mais, notre auteur affirme que ce qui intéresse Nietzsche, c'est la mort de l'homme. Et il fait remarquer : « *Tant que Dieu existe, c'est-à-dire que la forme-Dieu fonctionne, l'homme n'existe pas encore »*

Mais quand la forme-Homme apparaît, elle ne le fait qu'en comprenant déjà la mort de l'homme, de trois manières au moins. Aussi s'interroge Deleuze : *« Où l'homme pourrait-il trouver le garant d'une identité, en l'absence de Dieu*[458] *?* » et il ajoute que la forme-Homme ne s'est constituée que dans les plis de la finitude : elle met la mort dans l'homme.

Enfin, conclut notre auteur : « *Les forces de finitude elles-mêmes font que l'homme n'existe qu'à travers la dissémination des plans d'organisation de vie, la dispersion des langues, la disparité des modes de production, qui impliquent que la seule critique de la connaissance est une ontologie de l'anéantissement des êtres (non seulement la paléontologie, mais l'ethnologie*[459]*. »*

Que pense l'homme africain de tout cela et surtout qu'en pense le prêtre catholique que je suis ?

L'homme africain, selon Engelbert Mveng, peut apporter au monde moderne sa spiritualité. Il écrit : « *Dans un monde sécularisé où nous vivons aujourd'hui, sur dans une Afrique*

---

457 DELEUZE(Gilles).- *Foucault* (Paris, Minuit, 2004), p. 138

458 DELEUZE(Gilles).- *Foucault* (Paris, Minuit, 2004), p. 138

459 DELEUZE(Gilles).- *Foucault* (Paris, Minuit, 2004), p. 138

dépouillée de son antique héritage spirituel et qui cherche désespérément à retrouver les chemins du contact avec Dieu et l'au-delà, le chrétien africain, quel qu'il soit, où qu'il soit, se sent interpellé par tout son environnement. Les exigences d'une telle interpellation vont bien au-delà de la simple vague des mouvements charismatiques qui déferlent sur l'Afrique. Il s'agit de lire et de vivre l'Evangile en esprit et en vérité, c'est-à-dire dans sa radicalité[460] » Peuple du Tiers-Monde, peuple des pauvres, des faibles, des opprimés d'aujourd'hui, la bonne nouvelle de l'Evangile annonce pour nous notre salut intégral et Jésus-Christ, sur la voie des Béatitudes, ouvre pour nous, le chemin de notre vraie libération.

Aussi sur la mort de l'homme, il y a de quoi pleurer. En effet, cette forme a été bonne. Elle s'est enrichie et même a su préserver les formes dans l'homme, force de vivre, force de travailler, force de parler. Elle a épargné aux hommes existants la mort violente. La forme d'homme qui doit surgir aujourd'hui est l'existant humain. Thème que nous avons développé dans un ouvrage précédant : *Vision chrétienne de l'existant humain aujourd'hui*.

Nous rappelons la conclusion de cet ouvrage : « *Face à la vision chrétienne de l'existant humain, se dresse une vision athée qui a pris son origine dans les distinctions que la philosophie a opéré entre l'être du Créateur et l'être dérivé de la créature, ainsi que dans la dissociation effectuée dans l'être du Créateur, entre son entendement, source des essences, et sa volonté, origine des existences. Ce que la pensée chrétienne a uni, la vision athée vient désunir. Il n'y a qu'un seul être entre le Créateur et la créature, et en Lui, l'Entendement correspond à la Volonté. Dans la pensée chrétienne, il y a une logique de l'existence, car elle se*

---

[460] MVENG(Engelbert)(sous la Dir.).- *Spiritualité et libération en Afrique* (Paris, L'Harmattan, 1987), p. 9

déduit. Elle est même objet de raison, car la raison que peut avoir le Créateur de donner l'être à la créature, peut être comprise par tout esprit fini. La création n'est pas contingente, il y a une raison à l'existence des choses créées. Ne pas penser l'existence de cette façon apparaît comme un scandale ontologique, totalement injustifiable aux yeux de la raison[461]. » Cela dit, pourquoi ne pas penser comme le fait Yves Labbé que l'humanisme soit un préambule à la foi ?

En effet, cet auteur plaide pour une définition génétique de l'humanisme. Cette définition vise à le comprendre en même temps dans son universalité et ses particularités, dans l'unité d'un espace discursif et la multiplicité ordonnée de ses puissances mais aussi à appréhender l'essence de l'humanisme comme l'unité potentielle de ses effectuations typologiques. Ainsi, pour cet auteur se dégagent trois référents respectifs de l'humanisme. D'abord, la subjectivité qui dénote l'origine irréductible de l'humanisation théorétique et technique du monde ; la liberté radicale se produisant en produisant un ordre d'essences et de valeurs, la source primordiale de l'être et du devoir-être, l'initiative originelle constituant l'objectivité et le sens. Ensuite, la catégorie de valeur ou de sens désigne un processus de valorisation, un mouvement de transitivité créatrice, une opération libératrice réalisant l'humanité dans la procession d'un monde raisonnable, éthique et politique. Enfin, la catégorie d'absolu qui représente l'illimitation de la conscience humaine le refus de liberté de s'identifier à ses œuvres, la reprise de la conversion religieuse dans la forme séculière de la modernité[462].

Devant la crise de l'humanisme moderne, cette étude sur la vision de l'homme chez Nietzsche peut aussi aider

---

461 AKE (Patrice, Jean)(Ed.).- *Vision chrétienne de l'existant humain aujourd'hui* (Abidjan 2006), p. 25

462 LABBE(Yves).- *Humanisme et théologie. Pour un préambule à la foi.* (Paris, Cerf, 1975), p. 99

l'Africain que je suis. Le monde moderne peut se résumer en cette agitation histrionique, symptôme d'abaissement et de dégénérescence de l'homme. Nietzsche peut représenter cette force authentique et souveraine, sûre d'elle-même, heureuse et féconde. L'homme moderne est celui dont l'épuisement s'exprime par une sorte de suractivité, d'ivresse donnant l'impression fallacieuse d'un trop-plein de puissance, symptôme en réalité d'une mort imminente. Nietzsche ne serait-il pas le penseur destinal de la métaphysique occidentale, qui l'accomplit et l'achève dans le déploiement de la civilisation technique et de la mobilisation totale du monde. Le monde actuel est épuisé.

Le monde moderne essaie d'établir l'articulation de l'homme, du monde et veut se passer de la figure divine pour fonctionner. Elle prône la dédivinisation du monde qui a pour corollaire sa déshumanisation. Dédiviniser le monde passe d'abord par le retrait de l'homme, par la négation de sa participation au système métaphysique, par le refus de sa fonction copulatoire. Ne faut-il pas penser à un post-humanisme ou à un trans-humanisme ?

Le post-humanisme est présenté comme l'humanisme du 21ème siècle. Il est l'ouverture de nouvelles possibilités d'élevage, de dressage, de domestication de l'homme. Il est une extension philosophique de l'humanisme classique de la Renaissance qui prend en compte les toutes dernières avancées du savoir scientifique, principalement l'informatique et les biotechnologies. L'humanisme classique, selon cette perspective, ne serait plus adapté au monde d'aujourd'hui dans la mesure où l'homme lui-même a évolué, s'est transformé et surtout est en train d'acquérir des pouvoirs d'auto transformation dont il pouvait à peine rêver par le passé.

Quant au transhumanisme, les premiers cercles naissent dans les années 80 à l'UCLA (l'Université de Californie à Los Angelès). Ils ont aujourd'hui essaimé en plusieurs associations et réseaux, certains devenant influents, comme l'Institut d'Extropie de Max More, en raison de leurs liens non seulement avec des milieux universitaires comme Stanford ou le MIT, mais aussi avec l'industrie des biotechnologies, prête à financer leurs projets pour redorer une image un peu ternie et de plus en plus attaquée. Le transhumanisme américain est en somme un préposthumanisme, un post humanisme anticipé, pressé et pressant à la fois. Son programme consiste à favoriser sans délai et dans un optimisme forcené l'usage et le progrès rapide des sciences et technologies nouvelles dans le but de dépasser les limitations de l'humain et d'améliorer la condition humaine.

Le bon africain que je suis ne trouve dans sa marque dans ces deux voies. Car il ne peut pas comprendre comment cette société de la minceur et des régimes, de l'obésité et du surpoids tolère qu'en certaines parties du monde, en Afrique et dans la plupart des pays du Tiers-Monde, l'espérance de vie soit à quarante ans et que la malnutrition soit la règle. Des enfants manquent du minimum vital, de l'eau et de la nourriture, tandis que les poubelles de riches regorgent de denrées appétissantes. Dans cette atmosphère, le climat social est réduit à la peur sur toute la planète.

La désagrégation du monde de la tradition est vécue sous le régime de la crispation. Chez nous aussi en Afrique, c'est la peur des enfants-soldats, des braquages des routes, des voleurs de nuit et du diktat des guerriers des villes qui domine face à un avenir incertain, une logique de la violence du plus fort et du plus armé. Quel type d'homme vivra en Afrique en ce 21ème siècle ? Un homme inquiet de l'avenir. Peut-être serait-il sensible à une autre voie qui serait une anthropologie de la joie qui trouve sa source en Nietzsche.

Dans cette Afrique ballottée en tous les sens par la guerre, la crise économique et son cortège de pauvreté, de maladies, d'endettement et de sous-développement, le projet anthropologique serait très bienvenu. Il est urgent de nous interroger à nouveaux frais sur l'être de l'homme en général et l'homme africain en particulier. L'homme africain, comme l'homme mondial, est un être de pulsions et de sentiments, plus qu'un être d'abord rationnel. Il est, en outre, mû par des tendances souvent contradictoires, loin de ne se laisser conduire que par une volonté éclairée par la raison. Il est vrai que l'Africain vit dans l'angoisse permanente. Mais il peut emprunter à Nietzsche l'enthousiasme, la joie et la beauté comme ses modes d'êtres fondamentaux, tout en sachant que joie et angoisse ne cessent de s'appeler l'une l'autre, tout comme la mélancolie et l'enthousiasme, dans la vie de l'homme africain.

L'Africain, homme de la fête et du rire, dans son ivresse quotidienne, est arraché à son isolement et englobé dans la famille, la tribu et le clan, des communautés plus grandes. Ce sentiment d'être d'accord, en outre, s'étend de l'homme à la nature. Nietzsche parle alors d'évangile de l'harmonie universelle, ce qui est proche de la cohésion et de la symbiose africaines. Dans cette expérience, l'homme se fond dans l'unité originaire de l'Un primordial. L'individu est absorbé dans une vie plus large qui l'englobe. L'expérience de l'Un est une révélation dans laquelle une réalité plus profonde apparaît à l'homme.

La question du contraste chez Nietzsche entre la beauté et la laideur apparaît liée à sa vision vitaliste du phénomène esthétique. Cette beauté jubilatoire a une origine très relative. Nietzsche nous apprend à sentir le monde en tant que phénomène esthétique, et ce faisant à humaniser le monde et à expérimenter la puissance créatrice du regard humain. Il manque seulement à cette vision son caractère transcendant.

En outre, l'*apatheia* dans laquelle vit l'Africain, au quotidien, montre que la nature ou le cosmos est en harmonie avec l'homme. Il est un microcosme. Intéressons-nous à cette ivresse nietzschéenne.

Chez Nietzsche, l'ivresse augmente la conscience de la force. L'homme ivre repousse les limites de l'espace et du temps. Dans l'ivresse, le temps est suspendu. L'Africain, qui dans l'ivresse, la plus absolue, arrive à réaliser des prouesses les plus étonnantes, comme par exemple, s'ouvrir le ventre pour sortir ses intestins, pour les remettre en place, et recoudre la plaie, sans anesthésie, devrait compter avec cette rationalité et la développer. A côté de cette ivresse, il y a la joie.

Cette joie, nous la définissons comme le sentiment d'accord avec la vie, l'univers ou encore l'eutymie. Il s'agit d'une espèce de joie qui est consentement de l'esprit à la volonté providentielle et qui accompagne les tâches pratiques, sachant que, dans la vie de tous les jours, tout est agencé en vue du mieux. L'eutymie se voit sur le visage et l'expression du regard. Cette joie et ce sourire qui s'observent chez l'Africain, en général, quand il se trouve en face d'un étranger, est le propre de l'homme de cet continent. Même dans la douleur, la peine, la souffrance et la peine, le chant et la joie sereine accompagnent les épreuves. L'homme africain ne sait pas comment cet état lui advient, mais tout lui vient comme un don de Dieu. Il partage tout avec sourire et fait confiance à l'homme. Ainsi comme nous le constatons, ce bonheur ne produit pas un engourdissement heureux de l'âme, mais se traduit en actions. Ces actions, accomplie dans une confiance heureuse en la nature, provoquent une résolution morale sûre et constante. L'homme africain s'apparaît à lui-même meilleur. Cet état ne s'enlise pas dans la passivité d'une contemplation heureuse du monde, de soi et des autres, mais conduit à agir avec confiance et efficacité. C'est dans cet état de béatitude que l'homme est le plus lui-même. La musique, avec sa puissance jubilatoire, apparaît, aux yeux de Nietzsche, comme témoin du monde. Elle n'est ni échappatoire, ni évasion, ni plongeon dans l'autre monde. Elle est l'expression sonore du sentiment de plénitude que Nietzsche associe à tout art appelé dionysiaque.

Concluons : nous pensons qu'il est urgent, en suivant Nietzsche et les Africains, de construire une anthropologie reposant sur l'idée que l'homme n'est pas une pure raison. Il privilégie le bonheur, l'enthousiasme, la joie, la béatitude. Cette béatitude est l'état dans lequel l'homme est le plus lui-même. Elle est le résultat d'un processus de développement qui conduit l'homme à prendre conscience de ce qu'il y a de plus créatif en lui. Le processus d'individuation conduit à cette béatitude dans laquelle l'homme devient vraiment lui-même, et à cette attitude de laisser être ce qui est dans la joie.

BIBLIOGRAPHIE

ANDLER(Charles).- *Nietzsche. Sa vie et sa pensée I. Les précurseurs de Nietzsche. La jeunesse de Nietzsche.* (Paris, Gallimard 1958), 557p.

ANDREAS-SALOME(Lou).- *Friedrich Nietzsche à travers ses œuvres.* (Paris, Grasset 1992), 246p.

BARONI(Christophe).- *Nietzsche éducateur. De l'homme au Surhomme* (Paris, Fabert 2008), 284p.

BERNARD(André).- *L'homme chez Nietzsche et Teilhard de Chardin. Une interpellation pour l'intellectuel africain ?* (Kinshasa, St Paul Afrique 1984), 63p.

BOTTERO(Jean) et KRAMER (Samuel Noah).- *Lorsque les dieux faisaient l'homme. Mythologie mésopotamienne* (Paris, Gallimard 1989), 755p.

BRUM (José Thomaz).- *Schopenhauer et Nietzsche. Vouloir-vivre et volonté de puissance.* (Paris, L'Harmattan 2005), 154p.

CHEVALIER(Jean) et GHEERBRANT(Alain).- *Dictionnaire des Symboles. Mythes, Rêves, coutumes...* (Paris, Robert Laffont 1982), 1060p.

CLAIR(André).- *Ethique et humanisme. Essai sur la modernité* (Paris, Cerf, 1989), 253p.

COPLESTON (Frederick). - *A history of Philosophy, volume 3: late medieval and renaissance philosophy*, (New York, Image Books, 1963), 479p.

COX (Christoph). - *Naturalism and Interpretation* (University of California Press, Berkeley and Los Angeles, California, 1999), 270p.

DELEUZE(Gilles).- *Foucault* (Paris, Minuit 2004), 141p.

EBOUSSI (Fabien, Boulaga).- *A Contretemps. L'enjeu de Dieu en Afrique.* (Paris, Karthala 1991), 265p.

EDELMAN(Bernard).- *Nietzsche. Un continent perdu* (Paris, PUF, 2000), 367p.

ELA(Jean-Marc).- *Cheick Anta Diop ou l'honneur de penser* (Paris, l'Harmattan, 1989), 142p.

FERRAZ(Maria, Cristina Franco).- *Nietzsche le bouffon des dieux* (Paris, l'Harmattan, 19), 214p.

FERRY(Luc) et VINCENT (Jean Didier).- *Qu'est-ce que l'homme ? Sur les fondamentaux de la biologie et de la philosophie* (Paris, Odile Jacob 2001), 286p.

FICHTE.- *La destination de l'homme* (Paris, GF-Flammarion 1995), 277p.

FLAM(Léopold).- *L'homme et la conscience tragique.* Problèmes du temps présent. (Paris, PUF 1964), 236p.

FONTANIER(Jean-Michel).- *Fridericus N. Nietzsche le Romain. Textes latins et citations latines de Nietzsche* (Rennes, Ennoïa 2006), 146p.

GIGON(Olof).- *Les grands problèmes de la philosophie antique.* (Paris, Payot, 1961), 342p.

GUILLEBAUD(Jean-Claude).- *Le principe d'humanité* (Paris, Seuil, Septembre 2001), 501p.

HAAR(Michel).- *Par-delà le nihilisme. Nouveaux essais sur Nietzsche* (Paris, PUF 1998), 219p.

HAVELY(Daniel).- *Nietzsche*(Paris, Bernard Grasset 1944), 703p

HOVEY (Craig). - *Nietzsche and Theology* (T&T Clark, New-York 2008), 173p.

LABBE(Yves).- *Humanisme et Théologie. Pour un préambule de la foi.* (Paris, Cerf, 1975), 377p.

LE GOFF(Jacques).- *L'homme médiéval* (Paris, seuil, 1989), 436p.

MARI(Pierre).- *Humanisme et Renaissance* (Paris, Marketing 2000), 109p.

MORABIA(Ariel) (Coord.).- *Le droit à l'humanité. Contre la violence des hommes* (Paris, Autrement, 1998), 164p.

NIETZSCHE(Friedrich).- *Œuvres I* (Paris, Robert Laffont 1993), 1369p.

NIETZSCHE(Friedrich).- *Œuvres II* (Paris, Robert Laffont 1993), 1750p.

Noesis n° 10, *Nietzsche et l'humanisme*, 2006, *Revue philosophique du Centre de Recherches d'Histoire des Idées*

de l'Université de Nice n° 10, *Nietzsche et l'humanisme*, 2006

PUTALLAZ(François-Xavier) et SALAMOLARD(Michel) (dir.).- *Le sens de l'homme. Au cœur de la bioéthique. Contribution au débat démocratique.* (Suisse, St Augustin 2006), 302p.

REGINSTER (Bernard). - *The affirmation of life. Nietzsche on overcoming nihilism.* (Cambridge, Harvard 2006), 312p.

RENAUT(Alain).- *L'ère de l'individu* (Paris, Gallimard 1989), 288p.

ROSS (Werner). - *Der wilde Nietzsche oder die Rückkehr des Dionysos.* (Munich, Deutsche Verlags-Anstaldt, 1994), 200p.

RUCAO N° 17- 2002 *Le devenir de nos sociétés en Afrique. Penser l'existence.* (Abidjan, UCAO 2002), 96p.

SOUCHON(Gisèle).- *Nietzsche : généalogie de l'individu* (Paris, l'Harmattan, 2003), 150p.

TISCHNER (Jòzef), ŻYCIŃSKI (J.M.), McLean (George F.).- "The Philosophy of Person: solidarity and cultural creativity. Polish Philosophical, studies I in *Cultural heritage and contemporary change series IVA eastern and central Europe, volume 1* (Paideia publishers and the Council for research in values and philosophy 1994), 186 p.

UNIVERSITE DES SCIENCES HUMAINES DE STRASBOURG - hommes et Eglise 6.- *L'homme manipulé. Pouvoir de l'homme sur l'homme, ses chances et ses limites. Recherches Européennes Strasbourg, 24-29 septembre 1973 (*Charles Robert, Cerdic Publications, Strasbourg, 1974), 244p.

VARENNE(Jean).- *Zarathushtra et la tradition mazdéenne* (Paris, Seuil 1966), 189p.

VARTZBED(Eric).- *La troisième oreille de Nietzsche. Essai sur un précurseur de Freud* (Paris, l'Harmattan, 2003), 367p.

WOTLING(Patrick).- *Nietzsche et le problème de la civilisation* (Paris, PUF 1995), 384p.

ZHU (Dasheng), Jin (Xiping), McLean (Georg).- "The Human person and society". Chinese philosophical Studies,

VIIA in *Cultural heritage and contemporary change series IVA Asia,* volume 7A (Paideia publishers and the Council for research in values and philosophy 1997), 157p

TABLE DES MATIERES

L'HARMATTAN, ITALIA
Via Degli Artisti 15 ; 10124 Torino

L'HARMATTAN HONGRIE
Könyvesbolt ; Kossuth L. u. 14-16
1053 Budapest

L'HARMATTAN BURKINA FASO
Rue 15.167 Route du Pô Patte d'oie
12 BP 226 Ouagadougou 12
(00226) 76 59 79 86

ESPACE L'HARMATTAN KINSHASA
Faculté des Sciences Sociales,
Politiques et Administratives
BP243, KIN XI ; Université de Kinshasa

L'HARMATTAN GUINEE
Almamya Rue KA 028 en face du restaurant le cèdre
OKB agency BP 3470 Conakry
(00224) 60 20 85 08
harmattanguinee@yahoo.fr

L'HARMATTAN COTE D'IVOIRE
M. Etien N'dah Ahmon
Résidence Karl / cité des arts
Abidjan-Cocody 03 BP 1588 Abidjan 03
(00225) 05 77 87 31

L'HARMATTAN MAURITANIE
Espace El Kettab du livre francophone
N° 472 avenue Palais des Congrès
BP 316 Nouakchott
(00222) 63 25 980

L'HARMATTAN CAMEROUN
Immeuble Olympia face à la Camair
BP 11486 Yaoundé
(00237) 99 76 61 66
harmattancam@yahoo.fr

L'HARMATTAN SENEGAL
« Villa Rose », rue de Diourbel X G, Point E
BP 45034 Dakar FANN
(00221) 33 825 98 58 / 77 242 25 08
senharmattan@gmail.com

646750 - Mars 2016
Achevé d'imprimer par
1livre.com
du rêve à la réalité !